羊毛フェルトで作る
ちいさな動物たちのパティスリー

Small Animals' Patisserie

trois M

日本ヴォーグ社

Introduction

パティスリーコペンへようこそ！
ちいさなペンギンの3兄弟が営むこのお店には、
いろいろな動物のお客さまが訪れます。
お腹をすかせた動物たちを、とっておきのスイーツでおもてなし。
かわいいキャンディーやこんがりクッキーなどの焼き菓子に、
新鮮なフルーツをたっぷり使ったタルトやケーキ…
優しい雰囲気の動物たちと一緒に、
おいしそうなスイーツをお楽しみください。

Message

昔から小さくてかわいいものが好きです。
自分の手で生み出した子たちを見ていると、
一緒に楽しく暮らしているような気もちになります。
そのような作品をみなさまのもとにも
お届けできたら嬉しいです。

-trois M-

Contents

赤ちゃんペンギン 座りポーズ／立ちポーズ
カットフルーツ マンゴー／ぶどう／桃／いちご／メロン
photo… p.6

うさぎ
キャンディー ストライプ／水玉
photo… p.8

ハムスター
クッキー ジャムサンド／チョコチップ／抹茶
photo… p.9

パンダ 座りポーズ／立ちポーズ
ドーナツ ストロベリー／ピスタチオ
photo… p.10

ことりエッグタルト
セキセイインコ／文鳥／オカメインコ
photo… p.12

どうぶつシュークリーム
トラ／ねこ／うさぎ／しろくま／コアラ
photo… p.14

赤ちゃんアザラシ
エクレア
photo… p.16

しろくま 立ちポーズ／座りポーズ
フルーツタルト
photo… p.18

カワウソ
フルーツロールケーキ
photo… p.20

柴犬
フルーツサンド いちご／ぶどう
photo… p.21

猫 茶トラ白猫／三毛猫
さくらんぼマカロンケーキ
photo… p.22

Column p.24
How to make
　羊毛フェルトの基礎編　p.25〜
　スイーツモチーフ編　p.31〜
　動物マスコット編　p.57〜

この本に関するご質問は、お電話またはWebで
書名／ちいさな動物たちのパティスリー
本のコード／NV 70791
担当／髙橋
Tel.03-3383-0765（平日13：00〜17：00受付）
Webサイト「手づくりタウン」
https://www.tezukuritown.com
サイト内「お問い合わせ」からお入りください（終日受付）。

★本書に掲載の作品を複製して販売
（店頭・Web・イベント・バザー・個人間取引など）、
有料レッスンでの使用を含め、
金銭の授受が発生する一切の行為を禁止しています。
個人で手づくりを楽しむためにのみご利用ください。

じぃーっ

ねえねえ

どっちがいいかなぁ…

Small Animals'

Patisserie

Fruit Sandwich
Animal Shaped Cream Puff
Doughnut
Little Bird & Egg Tart
Biscuit
Candy

かわいくできたぺ！

まずはこれから…

赤ちゃんペンギン 座りポーズ／立ちポーズ
Baby Penguin

How to make — p.59

カットフルーツ マンゴー／ぶどう／桃／いちご／メロン
Cut Fruit

How to make — p.32

おいしいスイーツづくりに欠かせない、フレッシュなフルーツ。
色鮮やかでみずみずしい桃やいちごが、
赤ちゃんペンギンたちは気になってしかたないようです。

土台としてよく使われるわたわたをそのまま使用し、赤ちゃんのふわふわとした質感を表現。

うさぎ
Rabbit

How to make — p.62

キャンディー ストライプ／水玉
Candy

How to make — p.37

包み紙の柄がかわいいキャンディーは、
うさぎさんが両手で抱えられる大きさ。
お菓子の缶からお気に入りのキャンディーを
こっそり持ち出して…。

ハムスター
Hamster
How to make — p.65

クッキー ジャムサンド／チョコチップ／抹茶
Biscuit
How to make — p.38

さくさくと音がしそうな、
こんがり焼き色の3種のクッキー。
ハムスターさんは待ちきれずに、
ちょっぴりかじっちゃったみたい。

ドーナツを運ぶ子パンダを、
お母さんパンダが優しい目で見守ります。
ポップなカラーのデコレーションに、
心が躍るおやつの時間。

パンダ 座りポーズ／立ちポーズ
Panda

How to make — p.68

ドーナツ ストロベリー／ピスタチオ
Doughnut

How to make — p.40

ポーズのつけ方しだいで、楽しくお話しているような雰囲気が出ます。

11

ことりエッグタルト セキセイインコ／文鳥／オカメインコ
Little Bird & Egg Tart

How to make—p.42

12

仲よし3羽が集まって、小ぶりなタルトにちょこんとお座り。
おそろいのかわいいポーズで、おしゃべりに花が咲きます。

どうぶつシュークリーム トラ／ねこ／うさぎ／しろくま／コアラ

Animal Shaped Cream Puff

How to make—p.45

ベレー帽みたいなふかふかのシュー生地を頭にのせて、
おすまし顔のどうぶつたち。
みんな一緒のころんとしたフォルムが、
なんともかわいい。

15

ぜひ、お気に入りのどうぶつから作ってみて。

16

赤ちゃんアザラシ
Baby Seal
(How to make — p.72)

エクレア
Eclair
(How to make — p.48)

細長いシュー生地の間で
満足気な顔の赤ちゃんアザラシ。
中のクリームは、この子がすっかり
食べてしまったみたい。

赤ちゃんアザラシは、おさかなのトッピングにも夢中のようす。パティシエのぺんたから特別にプレゼント。

しろくま 立ちポーズ／座りポーズ
Polar Bear

How to make—p.74

フルーツタルト
Fruit Tart

How to make—p.56

たっぷりのフルーツにクリームを添えた、
ぜいたくなフルーツタルト。
仲よしのしろくま兄弟、
大好きなスイーツのそばで思い思いに過ごしています。

手に爪や肉球をつけることで、
ポーズがかわいく決まります。

カワウソ
Otter

How to make — p.78

フルーツロールケーキ
Swiss Roll with Fruit

How to make — p.50

フルーツとクリームをたっぷり使ったロールケーキは、
カワウソさんのお気に入り。
甘い香りに誘われて、ケーキの上で思わずまったり。

断面がお花の形になった、おしゃれなフルーツサンド。
さんぽ途中の柴犬さんが気になってじっと見つめています。

柴犬
Shiba Dog

How to make — p.81

フルーツサンド いちご／ぶどう
Fruit Sandwich

How to make — p.52

真っ赤なさくらんぼとクリームたっぷりの豪華なマカロンケーキ。
茶トラ白猫さんは、背中をあずけてのんびり。
三毛猫さんは、さくらんぼに手を伸ばして…、さて、どうするのかな？

22

猫 茶トラ白猫／三毛猫
Cat

How to make — p.84

さくらんぼマカロンケーキ
Cherry Macaron Cake

How to make — p.54

背中の縞模様もしっかり再現。ぽてっと座った後ろ姿がかわいい。

Column

作品の楽しみ方いろいろ

動物とスイーツの組み合わせを変えてみる

好きなスイーツと動物を作って
いろんな組み合せを楽しんでみて。

お気に入りの動物を作って雑貨や
ミニチュアと組み合わせても楽しい。

アレンジを変えて、新しい
スイーツを作るのもgood！

p.32 カットフルーツ
p.42 ことりエッグタルトのタルト部分
p.56 フルーツタルトのクリーム

おでかけのお供にアレンジ

小さな作品に丸カンを縫いつけて市販の
金具をつければ、キュートなキーホルダー
に。持ち歩くたびに気分が上がりそう！

丸カンの向きに注意！

作品が前を向くように、使用する金具に合った向きに縫いつけます。

How to make

羊毛フェルトの基礎編

まずは、羊毛フェルトに必要な
用具やテクニックについて学びましょう。
基本となる形をいくつか作れるようになれば
さまざまな作品に応用できます。

> 羊毛フェルトの基礎

必要な材料・道具

まずはこれだけそろえよう！

きほんの用具

フェルト羊毛

小さな作品を作ったり、土台の表面を覆うときに使います。本書では、羊毛の繊維の方向を一定にそろえたソリッドと、短い繊維で粗い風合いのナチュラルブレンドを使用します。

「ナチュラルブレンドベイクドカラー」（色監修：trois M）はスイーツづくりにぴったりです。

ニードルわたわた

羊毛をフェルト化しやすいようにわた状にしたもので、軽く刺すだけで簡単にまとまります。生成りは作品の土台作りに、ライトグレーは赤ちゃんペンギンの体にそのまま使用しています。

スポンジマット

針と一緒に使う作業台。マットが針を受け止めるので、針先の損傷を防ぎます。

フェルトパンチャー
〈左：3本針／右：1本針〉

先端の小さなとげが繊維に絡むことで羊毛をフェルト化できる、羊毛フェルト専用の針です。主にレギュラー針を使用します。中に装着されている針は交換できます。3本針は2本針としても使用できます。

あると便利

ブラシマット

スポンジマットに比べて抵抗が少なく、平面のものを作るのに向いています。

フェルトパンチャー
〈5本針〉

平面で広い範囲をフェルト化するのに便利で、ブラシマットの使用が最適です。

フェルトパンチャー替針

レギュラー針以外にも、用途に合ったさまざまな針があります。

〈スピード針〉

固めた羊毛に模様やへこみをつけるのにあると便利です。

〈仕上げ針〉

先が細く針穴が目立たないので、作品の表面を整えるなど、仕上げ作業にあると便利です。

用具提供：クロバー株式会社
素材提供：ハマナカ株式会社

その他の用具

手芸用ハサミ

羊毛（ニードルわたわた）のカットや作品の仕上げなどに使用します。

手芸用ボンド

刺し目などの固定に使用します。

まち針

パーツを固定する前の仮止め、刺し目の穴の方向確認などに使用します。

目打ち

刺し目やワイヤーを差し込む際の穴あけに使用します。

チャコペン
（時間経過で消えるもの）

羊毛フェルトに印をつけたり、模様をトレースしたりするのに使用します。

メジャーとスケール

羊毛の長さや重さをはかる際に使用します。（計量については★p.28参照）

刺し目

動物の目になります。本書では1.8～3mmのものを使用します。

テグス（2号）

猫のひげとして使用します。

ワイヤー（中細 #26）

さくらんぼの茎の他、動物のしっぽや腕に使用します。

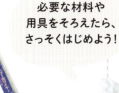

必要な材料や用具をそろえたら、さっそくはじめよう！

27

羊毛フェルトの基礎 　羊毛の扱い方と成形のきほん

この本では、刺す回数と硬さの目安を知ってもらうために羊毛の分量を0.1g単位で表しているよ！
スケールで0.1gをはかれないときは、1gの羊毛をはかってそれを10等分すると0.1gが作れるよ。
0.1gに満たないものは「少量」、それよりももっと少ないときは、「ごく少量」と書いているよ。

長さを分ける

01 羊毛の繊維の方向を横にし、分けたい部分の両側を持つ。

02 ゆっくり引いて、自然に分ける。

太さを分ける

01 羊毛の繊維の方向を縦にし、分けたい位置に指を入れる。

02 ゆっくり、繊維に沿って分ける。

細かく裂く

01 適量の羊毛を準備し、両端を持って裂く。

02 裂いた羊毛を重ねては裂くことをくり返し、繊維の方向がわからなくなるまでしっかりほぐす。

色を混ぜる

01 2色の羊毛を繊維の方向をそろえて重ね、両端を持つ。

02 2色が完全に混ざるまで、裂いた羊毛を重ねては裂くことをくり返す。

● ニードルの刺し方 ●

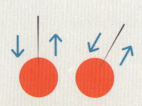  

色をかぶせたり柄をつける時は浅刺しにするよ。

刺す角度と抜く角度が違うと、針が折れやすくなるので、必ず同じにする。

深刺し 刺し始めは羊毛を貫通するくらい深く刺す。

中刺し ある程度固まったら、羊毛の中心くらいまで刺す。

浅刺し 形ができたら、浅く刺して羊毛の表面を仕上げる。

平らな丸を作る

01 羊毛を細かく裂き、丸の形にまとめる。

02 ニードルで中心を刺し固める。

03 丸い形をイメージしながら、周囲を少しずつ折りたたんで刺していく。

04 両面をまんべんなく刺して、平らな丸に固めていく。

05 側面も刺して微調整しながら仕上げる。

> 動物の耳やあごなどもこの方法で作るよ。つなげる部分は刺しきらずにふわふわのまま残しておこう！どんなものでもつなげる場合は、片方のパーツの一部をふわふわに残しておくよ。

平らな三角を作る

01 羊毛を細かく裂き、三角の形にまとめる。

02 ニードルで中心を刺し固める。

03 平らな丸の03〜05と同様に刺して仕上げる。角はつぶれないように際を垂直に刺す。

• 少し厚みのあるものの作り方 •

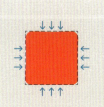

羊毛を型紙より厚めかつ大きめにまとめ、大まかに刺す。

側面をつぶすように刺し、型紙のサイズに縮める。

段差ややわらかいところに羊毛を足して刺し、形を整える。

両面をまんべんなく刺し、再度側面を刺して仕上げる。

羊毛フェルトの基礎　ニードルわたわた・土台作りのきほん ①

ここでは、ニードルわたわたの扱い方を紹介するよ。
わたわたは、取り出すとシートのようになっているので、
作り方のページには重さとサイズを一緒に載せているよ。
厚みは1cmくらいを目安にしているので、もし厚かったり
薄かったりしたら、厚みを調整して重さを合わせてね。

きほんの形

01 シート状のわたわたを長方形にカットする。

02 01の長辺を半分に折りたたみ（2つ折り）、ニードルで軽く刺す。

03 02を再度半分に折りたたみ（4つ折り）、ニードルで軽く刺す。

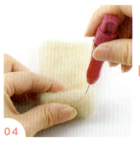

04 シートの短辺を手前にして少しずつ巻いては上から刺すことをくり返す。

05 最後まで巻いて大まかな形にしたところ。このきほんの形から、さまざまな形に成形する。

円柱

きほんの形の天面・底面にニードルを垂直に刺して平らにする。
（応用作品：フルーツロールケーキ p.50、フルーツタルト　p.56）

ドーム型

きほんの形の天面にニードルをいろいろな方向から刺して角を落とし、丸みをもたせる。
（応用作品：どうぶつシュークリーム p.45）

三角柱

01 きほんの形の側面を指でぎゅっと押さえて、三角柱の形に近づけ、軽く刺してまとめる。

02 わたわたを追加して、まわりに巻く。巻きはじめは、ずれないように指でしっかり押さえながら巻く。

03 02の角の部分をつまんで刺し、全体も刺し固める。

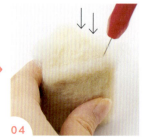

04 わたわたを天面と底面に少量足し、ニードルを垂直に刺して平らにする。
（応用作品：フルーツサンド　p.52）

How to make

スイーツモチーフ編

基礎がわかったら、さっそく作品づくりへ。
フルーツの模様や焼き色など、
細かい作業も登場しますが、慣れれば大丈夫。
本物のお菓子を作るときのように
楽しみながら仕上げましょう。

カットフルーツ
Cut Fruit

photo—p.6

| 材料・道具 | ※（ ）内は色番号　羊毛の必要量は作り方参照 |

羊毛　・各フルーツを参照

その他
- きほんの用具
- チャコペン
  ※メロンのみ

マンゴー
Mango

レベル ★☆☆☆☆

羊毛
- ニードルわたわた
  生成り（310）
  ※重さ：サイズ（重さとサイズが合わないない場合は、厚みを調整する）
- フェルト羊毛ソリッド
  オレンジ色（5）

実物大型紙

マンゴー

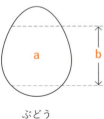

ぶどう
※写真は実際の倍のサイズ

01 わたわたを（0.3g：4×4cm）の正方形にカットし、矢印の方向に半分に折りたたむ（2つ折り）。

02 01を再度半分に折りたたみ（4つ折り）、軽く刺す。

03 シートの短辺を手前にして少しずつ巻いては上から刺すことをくり返す。※写真は実際の倍のサイズ

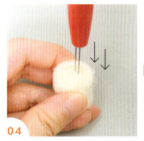

04 すべての面にニードルを垂直に刺して平らにし、型紙に合わせてサイコロ状に成形する。

05 オレンジ色の羊毛（0.2g）を全体に刺す。

ぶどう
Grape

レベル ★☆☆☆☆

羊毛
- ニードルわたわた
  生成り（310）
  ※重さ：サイズ（重さとサイズが合わないない場合は、厚みを調整する）
- フェルト羊毛ソリッド
  紫（48）、赤（24）

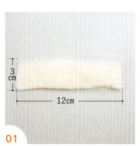

01 わたわたを（0.8g：3×12cm）の長方形にカットする。

02 シートの短辺を手前にして少しずつ巻いては上から刺すことをくり返す。

03 02の天面にニードルをいろいろな方向から刺して角を落とし、ぶどうの型紙aに合わせて丸みをもたせていく。

04 わたわた（0.4g）を型紙のbの位置に追加し、刺して肉づけする。

05 底面も03と同様に刺して角を落とし、型紙aに合わせて丸みをもたせる。

06 紫の羊毛（0.4g）に赤の羊毛（0.1g）を混ぜ、全体に刺す。天面の中央を刺して少しくぼませる。

桃 *Peach*

羊毛
- ニードルわたわた 生成り（310）
- フェルト羊毛ソリッド クリーム色（42）、薄ピンク（22）、赤（24）

レベル ★★☆☆☆

01 わたわた（1g）を桃の型紙a（★p.34）に合わせて、シート状の円形に成形する。

02 わたわた（0.8g）を型紙のbの位置に追加し、刺して肉づけする。

03 わたわた（0.6g）を型紙のcの位置に追加し、02と同様にして肉づけする。矢印の方向に半分に折りたたむ。

04 型紙〈横〉（★p.34）に合わせて、折りたたんだ側から刺し固める。

05 側面にわたわた（0.2g）を追加し、刺して形を整える。

06 果肉ができたところ。

07 クリーム色の羊毛（1g）を上から3分の1の部分に弧を描くように刺す。

08 クリーム色の羊毛（0.2g）に薄ピンクの羊毛（少量）を混ぜ、下から3分の2の部分に弧を描くように刺す。

09 薄ピンク色の羊毛（少量）に赤の羊毛（ごく少量）を混ぜ、果肉の中央あたりに刺す。

10 中央を刺して少しくぼませる。

いちご
Strawberry

レベル
★★★☆☆

羊毛
- ニードルわたわた 生成り(310)
- フェルト羊毛ソリッド 赤(24)、白(1)、サーモンピンク(37)
- ナチュラルブレンド 薄黄(841)

01 わたわた(0.2g)をいちごの型紙aに合わせて、シート状に成形する。

02 わたわた(0.6g)を型紙bの形に成形し、01の中央に配置し刺しつける。

03 わたわた(各0.2g)を型紙cの形に2個成形する。

04 03をbの左右にそれぞれ配置し、刺しつける。

05 わたわた(0.2g)をbとcの境目に追加し、刺して表面の凹凸をなめらかにする。

06 わたわた(0.2g)を05の表面の中央あたりに追加し、刺して肉づけする。

07 赤の羊毛(0.4g)を表面に刺す。

実物大型紙

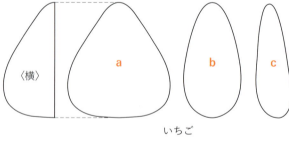

いちご

08 白の羊毛(少量)をヘタ側に刺す。

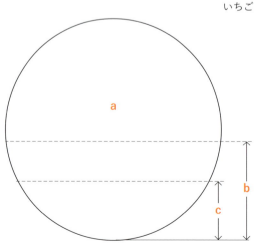

桃

09
薄黄（ごく少量）を指で小さく丸め、表面に刺して種をつける。（★p.36のコラム参照）

10
断面に模様を入れていく。赤の羊毛（少量）を型紙の〈10〉の位置に刺す。

11
赤とサーモンピンクの羊毛（各少量）を1：1の割合で混ぜ、型紙の〈11〉の位置に刺す。

12
赤とサーモンピンクの羊毛（各少量）を1：2の割合で混ぜ、型紙の〈12〉の位置に刺す。

13
白とサーモンピンクの羊毛（各少量）を1：1の割合で混ぜ、型紙の〈13〉の位置に刺す。

14
11と同じ配合の羊毛を型紙の〈14〉の位置に刺す。

15
13と同じ配合の羊毛を細い糸状にして、型紙の〈15〉のように刺す。

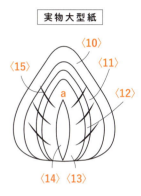

実物大型紙

メロン
Melon

羊毛
- ニードルわたわた　生成り（310）
- フェルト羊毛ソリッド　黄緑（33）、緑（46）、薄緑（43）
- ナチュラルブレンド　薄黄（841）、薄茶（842）

レベル
★★★☆☆

2枚で1切れ分

01
わたわた（各0.8g）をメロンの型紙aに合わせて、シート状のパーツに2枚成形する。

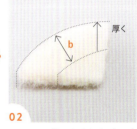

厚く

02
パーツの1枚にわたわた（0.3g）を型紙のbの位置に追加し、上にいくにつれ厚くなるように刺して肉づけする。

03
わたわた（0.3g）を型紙のcの位置に追加し、02と同様にして肉づけする。

実物大型紙

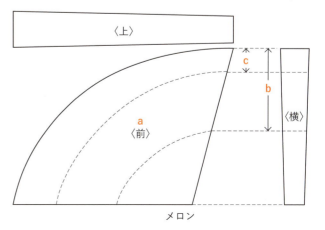

〈上〉　〈横〉　a 〈前〉　メロン

04
01で作ったパーツの残り1枚を03にかぶせ、型紙〈横〉（★p.35）に合わせて刺し固める。

05
わたわた（0.5g）を側面に刺して形を整える。果肉ができたところ。

06
緑の羊毛（0.2g）を細くとる。カーブに沿って筋を入れるように前面、背面、両側面すべてに刺す。

07
黄緑の羊毛（0.4g）を06で刺した部分の下に刺す。

08
黄緑の羊毛（0.2g）に薄黄の羊毛（0.1g）を混ぜ、07で刺した部分に少しかぶるように刺す。

09
果肉のすべての面に色をかぶせたところ。

10
薄緑の羊毛（0.3g）に緑の羊毛（ごく少量）を混ぜ、カーブの面に刺して皮を作る。

11
カーブの面に沿うように皮の縁を中に押し込みながら刺して形を整える。

12
皮にチャコペンで網目模様の線を描く。線はランダムでよい。

13
薄茶の羊毛（少量）をねじってひも状にし、12に合わせて、指でピンと張った状態にして刺し、縦筋を入れる。ゆるんだら、その都度ねじる。

14
13と同様にして、横筋も入れる。

15
網目模様を入れたところ。

Mini Column　点のつけ方

いちごの種など、小さな点を模様としてつけたいときはこんなふうにやってみてね！

羊毛を少量とり、指先で丸める。点をつけたい場所にのせて、中心を軽く刺しとめる。

点を形どるように、羊毛を中心によせながら、輪郭を1周刺す。

輪郭を刺し終えたら、平らになるようにニードルを垂直に刺す。

キャンディー ストライプ
Candy Diagonal Stripes

材料・道具 ※（ ）内は色番号　羊毛の必要量は作り方参照

羊毛
- ニードルわたわた　生成り（310）
- フェルト羊毛ソリッド　濃ピンク（36）、白（1）

その他
- きほんの用具
- まち針

01 わたわた（0.7g）を型紙（★p.38）に合わせて、キャンディー（ストライプ）の形に成形する。

02 濃ピンクの羊毛（0.4g）を全体に刺す。

03 濃ピンクの羊毛（0.2g）を型紙（★p.38）に合わせて、包み紙の形に成形する。型紙を参考に、外側を厚めに、内側を薄めに刺し固める。

04 03の両脇を片方が少し上に重なるように内側に折りたたみ、刺す。

05 04の両端を持ち、ぐるりと1回ねじる。

06 ねじった状態をキープし、刺し固める。

07 まち針で06をキャンディーの側面に仮止めし、ニードルでふわふわのまま残した部分を刺しつける。

08 03〜07と同様にしてもう片方の包み紙も作り、刺しつける（つける面は左右逆にする）。

09 白の羊毛（少量）をひも状にし、キャンディーに斜めに1周刺して模様を入れる。

10 模様を入れたところ。

水玉
Polka Dots

羊毛
- ニードルわたわた　生成り（310）0.6g
- フェルト羊毛ソリッド　水色（38）0.8g、白（1）0.1g

作り方のポイント

キャンディー（ストライプ）を参考に作ってみよう。
- 型紙に記載の分量でキャンディーを作る（★p.38参照）。
- 白の羊毛（0.1g）を指で丸め、刺して模様を入れる（★p.36のコラム参照）。

クッキー　ジャムサンド
Biscuit　Jam Sandwich

photo-p.9
レベル ★★☆☆☆

材料・道具　※（ ）内は色番号　羊毛の必要量は作り方参照

羊毛
- フェルト羊毛ソリッド　クリーム色（42）、赤（24）
- ナチュラルブレンド　薄黄（841）、蜜柑茶色（843）

その他
- きほんの用具
- チャコペン

01
薄黄の羊毛（0.8g）にクリーム色の羊毛（0.4g）を混ぜ、型紙の点線の形に成形する（★p.29参照）。

02
蜜柑茶色の羊毛（0.1g）にクリーム色の羊毛（少量）を混ぜ、縁と側面に刺して焼き目をつける。

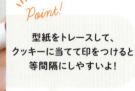

03
型紙を参考に、側面にチャコペンで等間隔に印をつける。

Point!
型紙をトレースして、クッキーに当てて印をつけると等間隔にしやすいよ！

04
印の位置にニードルを深く何度も刺してくぼませ、花形のクッキーにする。

05
赤の羊毛（少量）を型紙に合わせてシート状の円形に成形し、クッキーの中央に刺しつけてジャムを作る。

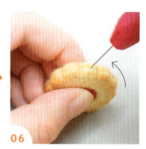

06
側面にニードルを1周深く刺し、くぼませる。

実物大型紙

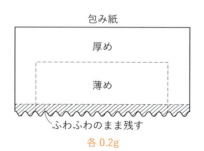

キャンディー
ストライプ〈上〉
ストライプ〈横〉

水玉
わたわた（0.5g）
水色（0.6g）

包み紙
厚め
薄め
ふわふわのまま残す
各 0.2g

クッキー
ジャムサンド〈上〉
印をつける位置
ジャム
ジャムサンド〈横〉

クッキー チョコチップ
Biscuit Chocolate Chip

材料・道具 ※（ ）内は色番号 羊毛の必要量は作り方参照

羊毛
- フェルト羊毛ソリッド クリーム色（42）、こげ茶（41）
- ナチュラルブレンド 薄黄（841）、薄茶（842）、赤茶（844）

その他
- きほんの用具

01 クリーム色の羊毛（1g）に薄黄の羊毛（0.6g）を混ぜ、そのうちの1.4gを型紙の形に成形する（★p.29参照）。

02 こげ茶の羊毛（0.2g）を指で丸めてチョコチップを作る。サイズはランダムでよい。

03 01で混ぜた羊毛の残り（0.2g）を薄く広げ、その中に02を重ならないように入れて軽く包む。

04 03を01の上にのせて刺し固める。

05 チョコチップをつけたところ。

06 薄茶の羊毛（少量）にクリーム色の羊毛（少量）を混ぜ、縁に薄く刺して焼き目をつける。

07 赤茶の羊毛（0.1g）に薄茶の羊毛（0.1g）を混ぜ、そのうちの0.1gを側面に刺して焼き目をつける。

08 07で混ぜた羊毛の残り（0.1g）を裏面に刺す。

09 こげ茶の羊毛（ごく少量）を指で小さく丸め、表面に刺してチョコチップを追加する。

抹茶
Green Tea

羊毛
- フェルト羊毛ソリッド 抹茶色（3）1.2g、ベージュ（29）0.1g
- ナチュラルブレンド 薄茶（842）0.4g、赤茶（844）ごく少量

作り方のポイント

クッキー（チョコチップ）を参考に作ってみよう。

- 抹茶色の羊毛（1.2g）に薄茶の羊毛（0.4g）を混ぜ、そのうちの1.4gでクッキーを作る。
- ベージュの羊毛（0.1g）でランダムなサイズのココナッツを作る。
- 赤茶の羊毛（ごく少量）をクッキーの側面に薄く刺して焼き目をつける。

実物大型紙

チョコチップ・抹茶〈上〉

チョコチップ・抹茶〈横〉

ドーナツ　ストロベリー
Doughnut　Strawberry

photo-p.10

レベル ★★★☆☆

材料・道具　※（　）内は色番号　羊毛の必要量は作り方参照

羊毛
- ニードルわたわた　生成り(310)
  ※重さ：サイズ（重さとサイズが合わない場合は、厚みを調整する）
- フェルト羊毛ソリッド　サーモンピンク(37)、クリーム色(42)、ベージュ(29)
- ナチュラルブレンド　蜜柑茶色(843)、薄茶(842)

その他
- きほんの用具

01 わたわた(5g：13×18cm)を短辺から巻いて刺し、長さ16cm・太さ1.6cmの円柱に成形する。

02 蜜柑茶色の羊毛(1.8g)を全体に刺す。両端はふわふわのまま残す。

03 両端を型紙に合わせて曲げ、ふわふわのまま残した部分を刺しつないで輪を作る。

04 蜜柑茶色の羊毛(各0.3g)をつなぎ目に巻くようにかぶせて刺し、補強する。

05 蜜柑茶色の羊毛(0.5g)をさらに全体に刺し、形を整える。

06 サーモンピンクの羊毛(1.3g)をチョコがけの型紙に合わせて、シート状のパーツに成形する(★p.29参照)。

Point! 上につけるシート状のものは、つけたあとに刺し固めるので、軽く刺して大まかな形にしておくだけでいいよ。

07 05の上に06をかぶせ、刺しつける。

08 ドーナツの丸みに沿うように、チョコがけの縁を中に押し込みながら刺して形を整える。

実物大型紙

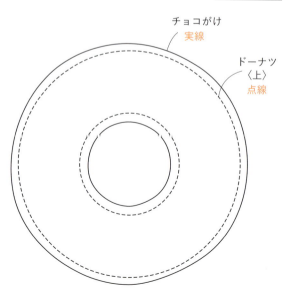

チョコがけ　実線
ドーナツ〈上〉　点線

40

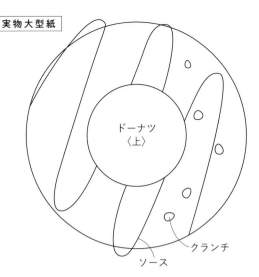

09 クリーム色の羊毛（0.2g）を細くねじってひも状のソースを作り、型紙を参考に刺しつける（★p.36-13参照）。

10 ベージュの羊毛（少量）に薄茶の羊毛（少量）を混ぜ、指で小さくまとめてクランチを作り、表面にトッピングとして刺しつける。

実物大型紙

ドーナツ〈上〉

クランチ
ソース

ピスタチオ
Pistachio

羊毛
- ニードルわたわた　生成り（310）5g：13×18cm
  ※重さ：サイズ（重さとサイズが合わない場合は、厚みを調整する）
- フェルト羊毛ソリッド　黄緑（33）1.3g、クリーム色（42）0.1g、ベージュ（29）少量、抹茶色（3）少量
- ナチュラルブレンド　蜜柑茶色（843）0.8g、薄茶（842）少量

実物大型紙

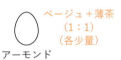

アーモンド　ベージュ＋薄茶（1：1）（各少量）

トッピングの作り方
- ベージュの羊毛（少量）にクリーム色の羊毛（少量）を軽く混ぜ、型紙に合わせてアーモンドの形に成形する。
- クリーム色の羊毛（少量）で刻みホワイトチョコを作る。不規則な四角形でよい。
- 抹茶色の羊毛（各ごく少量）を指で小さくまとめ、クラッシュピスタチオを作る。
- 作ったトッピングを好みの位置につける。

Mini Column　色を変えて作ってみよう

フルーツやスイーツのトッピングの色を変えるだけでも、新しい作品になるよ！オリジナルスイーツ作りにも挑戦してみよう。

 ぶどうの紫色を黄緑色に変えてマスカットに

 桃のクリーム色をオレンジ色に変えて黄桃に

 マンゴーのオレンジ色を薄ピンク色に変えてカットピーチに

 メロンの皮の部分を赤色に、果肉の部分をクリーム色に変えてカットりんごに

ことりエッグタルト　セキセイインコ
Little Bird & Egg Tart　Budgerigar

photo→p.12
レベル ★★☆☆☆

材料・道具　　※（ ）内は色番号　羊毛の必要量は作り方参照

羊毛
- ニードルわたわた　生成り(310)
  ※重さ：サイズ(重さとサイズが合わない場合は、厚みを調整する)
- ナチュラルブレンド　薄茶(842)、薄黄(841)
- フェルト羊毛ソリッド　水色(38)、白(1)、黒(9)、黄(35)、薄ピンク(22)

その他
- きほんの用具
- 手芸用ボンド
- まち針
- 目打ち
- チャコペン
- 刺し目<2mm>2個

エッグタルトを作る

01
わたわた(1.5g：6×17cm)の短辺を4つ折りにして巻き、型紙aに合わせて、円柱に成形する。

02
わたわた(0.3g：1.5×10cm)を2つ折りにする。型紙のbの位置に追加し、巻きながら刺して肉づけする。

03
わたわた(0.3g：0.7×10cm)をbの上から型紙のcの位置に追加し、巻きながら刺してさらに肉づけする。

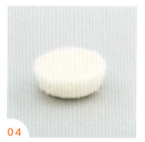
04
03の天面にニードルを垂直に刺して平らにする。

05
薄黄の羊毛(0.5g)を天面に刺す。

06
薄茶の羊毛(0.6g)を上にいくにつれ厚くなるように刺して05の高さと外周に合うサイズのシート状に成形する。

07
06の上部が05の天面より少し高くなるように側面に巻いて刺しつける。

08
薄茶の羊毛(0.3g)を07の底面に刺す。はみ出た部分は、側面側に倒して側面の下部に刺す。

実物大型紙

エッグタルト〈上〉

頭〈横〉

エッグタルト〈横〉

体〈横〉

実物大図案

ことり（セキセイインコ）を作る

09
わたわた（1.2g）を型紙に合わせて、頭の形に成形する（★p.58参照）。

10
09と同様にして、わたわた（4.2g）を型紙に合わせて、体の形に成形する。

11
まち針で頭を体に仮止めし、頭側から体側に向かって、ニードルで1周深く刺す。体側からも同様に1周刺す。

12
わたわた（0.2g）を頭と体の境目に1周巻きながら刺して肉づけする。境目がなだらかになるよう整える。

13
白の羊毛（0.4g）を頭に刺し、水色の羊毛（1.6g）を体に刺す。

14
白の羊毛（0.2g）を頭と体の境目に刺し、波形の模様を入れる。なだらかになるよう整える。

15
境目に模様を入れたところ。実物大図案を参考に、正面の中心を少しくぼませる。

実物大型紙

口ばし
〈横〉〈前〉

鼻
○

16
型紙に合わせて、黄の羊毛（少量）を口ばしの形に、薄ピンクの羊毛（ごく少量）を鼻の形に2個成形する。

17
顔に16を刺しつける。

18
目の位置にチャコペンで印をつけ、目打ちで穴を開ける。刺し目の先に手芸用ボンドをつけて穴に差し込む。

19
黒の羊毛（ごく少量）と水色の羊毛（ごく少量）で顔に模様を入れる。

20
水色の羊毛（各少量）を型紙（★p.44）に合わせて、羽根の形に3枚成形する。ずらして重ね、刺しつける。
（ふわふわのまま残す）

21
20のふわふわのまま残した部分に、水色の羊毛（0.2g）をかぶせて軽く刺す。

22
裏返してふわふわのまま残した部分を内側に折りたたみながら刺し、型紙に合わせて翼を作る。

23
側面も刺して仕上げる。

24
20〜23と同様にしてもう片方の翼も作る。

25
まち針で体の側面に翼を仮止めし、ニードルで刺しつける。

26
水色の羊毛(0.2g)を型紙に合わせて、尾羽の形に成形する。中心を刺してくぼませる。

27
まち針でおしりの部分に尾羽を仮止めし、ニードルで刺しつける。08にことりをのせる。

[実物大型紙]

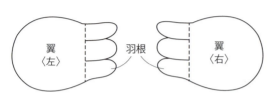

[作り方のポイント]

エッグタルト（セキセイインコ）を参考に、異なる部分は実物大図案のように作ってみよう。
● エッグタルト、頭、体、羽根、翼の型紙はセキセイインコと共通
● エッグタルトの羊毛は★p.42の作り方参照

文鳥
Java sparrow

羊毛
- ニードルわたわた　生成り(310) 5.4g
- フェルト羊毛ソリッド 白(1) 2.8g、サーモンピンク(37) 0.2g、赤(24) 少量

その他
- 刺し目<1.8mm>2個
- 他、★p.42参照

[実物大図案]
刺し目〈1.8mm〉
白(0.4g)
白(各0.3g)
白(1.6g)

[実物大型紙]
口ばし 〈横〉〈前〉
サーモンピンク(0.1g)　サーモンピンク＋赤(1:1)(各ごく少量)
尾羽
ふわふわのまま残す　白(0.2g)

オカメインコ
Cockatiel

羊毛
- ニードルわたわた 生成り(310) 5.4g
- フェルト羊毛ソリッド クリーム色(42) 2.4g、黄(35) 0.5g、サーモンピンク(37) 少量、濃ピンク(36) 少量、ベージュ(29) 少量

その他
- 刺し目<1.8mm>2個
- 他、★p.42参照

[実物大図案]
黄(0.4g)(★p.78-10参照)
刺し目〈1.8mm〉
サーモンピンク(少量)
クリーム色(各0.3g)
クリーム色(1.6g)

[実物大型紙]
口ばし 〈横〉〈前〉
とさか
濃ピンク＋ベージュ(1:1)(各少量)
黄(少量)
ふわふわのまま残す
クリーム色(0.2g)　尾羽

44

どうぶつシュークリーム　トラ
Animal Shaped Cream Puff　Tiger

photo—p.14
レベル ★★⯪☆☆

| 材料・道具 | ※（　）内は色番号　羊毛の必要量は作り方参照 |

羊毛
- ニードルわたわた　生成り（310）
  ※重さ：サイズ（重さとサイズが合わない場合は、厚みを調整する）
- フェルト羊毛ソリッド　こげ茶（41）、黒（9）、濃ピンク（36）
- ナチュラルブレンド　薄茶（842）、薄黄（841）、ミルク色（801）

その他
- きほんの用具
- まち針

シュークリームを作る

01 わたわた（4.4g：12×24cm）を型紙に合わせて、シュークリームの形に成形する。

02 わたわた（0.8g）でシュークリームの凹凸部分を成形する。形はランダムでよい。

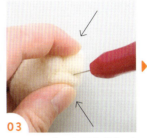

03 01に02で作った凹凸部分の1つを刺しつけ、指でぎゅっと押してしわを寄せながら刺し固める。

04 03の作業をくり返して、02をすべて刺しつける。

どうぶつの頭を作る

05 薄茶の羊毛（1.2g）から少量ずつとり、凹凸1つひとつに刺す。

06 凹凸の境目にニードルを深く刺し、凹凸をくっきりさせる。

07 わたわた（1.4g）を型紙に合わせて頭の形に成形し、シュークリームの上に刺しつける。

08 薄黄の羊毛（0.6g）を頭に刺す。

| 実物大型紙 |

ふた〈横〉

シュークリーム〈横〉

ふた〈上〉

頭〈横〉

45

手・顔を作る

09 薄黄の羊毛(各0.1g)を型紙に合わせて、手の形に2個成形する。

10 実物大図案を参考に、手をシュークリームに刺しつける。手にニードルを深く何度も刺し、2か所くぼませる。

11 ミルク色の羊毛(少量)を型紙に合わせて、鼻まわりの形に成形する。

12 11を頭に刺しつける。

13 こげ茶の羊毛(少量)に黒の羊毛(少量)を混ぜる。そのうちのごく少量を指で小さく丸め、鼻まわりの上に刺して鼻を作る。

14 13で混ぜた羊毛の残りを同様にして、鼻まわりの左右に刺し、目を作る(★p.36のコラム参照)。

15 13で混ぜた羊毛の残りを細くねじり、実物大図案を参考に、頭に模様を入れる。

16 模様を入れたところ。

ふたの帽子を作る

17 わたわた(0.4g)を型紙(★p.45)に合わせて、ふたの形に成形する。わたわた(0.3g)で02を参考に凹凸部分を成形する。

18 03〜05を参考に、ふたに凹凸部分を刺しつけ、薄茶の羊毛(0.6g)から少量ずつとって凹凸1つひとつに刺す。

19 まち針でふたを頭に仮止めし、ニードルで刺しつける。

Point! ふたの帽子は、好きなようにかぶせてもいいよ。耳をつける位置には気をつけてね。

実物大図案

実物大型紙

鼻まわり 〈前〉〈横〉

耳　手
ふわふわのまま残す

耳を作る

20 薄黄の羊毛(少量)を型紙に合わせて、耳の形に成形する。

21 まち針で耳を頭に仮止めし、ニードルで刺しつける。濃ピンクの羊毛(各少量)を耳の内側に刺す。

作り方のポイント

どうぶつシュークリーム（トラ）を参考に、異なる部分は実物大図案のように作ってみよう。
● シュークリーム、ふた、頭の型紙はトラと共通

ねこ
Cat

羊毛
- ニードルわたわた　生成り（310）7.3g
- フェルト羊毛ソリッド　クリーム色（42）1g、こげ茶（41）少量、黒（9）少量
- ナチュラルブレンド　薄茶（842）1.7g、ミルク色（801）少量

実物大図案

こげ茶＋黒（1：1）（各少量）／クリーム色（0.6g）

実物大型紙

鼻まわり〈前〉〈横〉ミルク色（少量）／耳　クリーム色（少量）　こげ茶（少量）／手　クリーム色（各0.1g）　ふわふわのまま残す

うさぎ
Rabbit

羊毛
- ニードルわたわた　生成り（310）7.3g
- フェルト羊毛ソリッド　薄ピンク（22）1g、こげ茶（41）少量、黒（9）少量
- ナチュラルブレンド　薄茶（842）1.8g、ミルク色（801）少量

実物大図案

こげ茶＋黒（1：1）（各少量）／薄ピンク（少量）／薄ピンク（0.6g）

実物大型紙

鼻まわり〈前〉〈横〉ミルク色（少量）／耳　右　左　薄ピンク（各少量）ふわふわのまま残す／手　薄ピンク（各0.1g）

しろくま
Polar Bear

羊毛
- ニードルわたわた　生成り（310）7.3g
- フェルト羊毛ソリッド　こげ茶（41）少量、黒（9）少量
- ナチュラルブレンド　薄茶（842）1.8g、ミルク色（801）1g

実物大図案

こげ茶＋黒（1：1）（各少量）／ミルク色（0.6g）

実物大型紙

鼻まわり〈前〉〈横〉ミルク色（少量）／耳　ミルク色（各少量）　ふわふわのまま残す／手　ミルク色（各0.1g）

コアラ
Koala

羊毛
- ニードルわたわた　生成り（310）7.3g
- フェルト羊毛ソリッド　薄水色（44）1g、こげ茶（41）少量、黒（9）少量
- ナチュラルブレンド　薄茶（842）1.8g、ミルク色（801）少量

実物大図案

こげ茶＋黒（1：1）（各少量）／ミルク色（各少量）／薄水色（0.6g）

実物大型紙

鼻まわり〈前〉〈横〉こげ茶＋黒（1：1）（少量）／耳　外　内　薄水色（各0.1g）　ミルク色（各少量）　ふわふわのまま残す／手　薄水色（各0.1g）

エクレア
Eclair

photo—p.16
レベル ★★★☆☆

| 材料・道具 | ※（ ）内は色番号　羊毛の必要量は作り方参照 |

羊毛
- ニードルわたわた　生成り(310)
  ※重さ：サイズ（重さとサイズが合わない場合は、厚みを調整する）
- フェルト羊毛ソリッド　水色(38)、クリーム色(42)、薄緑(43)、サーモンピンク(37)
- ナチュラルブレンド　薄茶(842)、赤茶(844)

その他
- きほんの用具

エクレア本体を作る

01 わたわた（4.7g：12×24cm）の長辺を4つ折りにし、刺し固める。

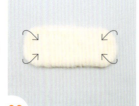

02 01の角を内側にたたんで刺し、丸くする。

03 02の縁をエクレア下部分の型紙に合わせて器形になるように指で立ち上げながら刺し固める。

04 03で立ち上げた部分を内側から刺して、側面を平らにする。

05 エクレア下部分ができたところ。

06 薄茶の羊毛（2.7g）を05の全体に刺す。

07 わたわた（3.5g：10×18cm）で01～04と同様にしてエクレア上部分を作る。

08 薄茶の羊毛（2g）を07の天面以外に刺す。

実物大型紙

エクレア上部分・チョコがけ　エクレア上部分　〈上〉

エクレア下部分　エクレア上部分　〈横〉

トッピングを飾る

09 薄茶の羊毛（少量）に赤茶の羊毛（少量）を混ぜ、06と08の側面にランダムに刺して焼き目をつける。

10 水色の羊毛（1.2g）をチョコがけの型紙に合わせて軽く刺して薄くまとめ、エクレア上部分の天面に刺しつける（★p.40参照）。

11 クリーム色の羊毛（1.2g）と薄緑の羊毛（0.3g）で、型紙に合わせて2色のボールを作る。

12 10に2色のボールを刺しつける。

ふわふわのまま残す

13 サーモンピンクの羊毛（0.1g）をさかな（大）の型紙に合わせて、胴体と尾ひれの形に成形する。

14 13のふわふわのまま残した部分をつなげ、刺し固める。

小
大

15 サーモンピンクの羊毛（少量）で13〜14と同様にして、さかな（小）を作る。

16 大小のさかなをそれぞれ12に飾りつける（固定したい場合は刺しつける）。

49

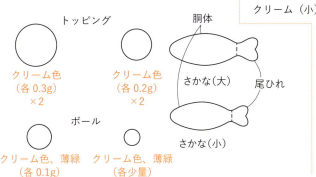

17 エクレア下部分に16をのせる。

実物大型紙

トッピング
クリーム色
（各0.3g）×2

クリーム色
（各0.2g）×2

胴体
さかな（大）
尾ひれ
さかな（小）

ボール
クリーム色、薄緑
（各0.1g）×各2

クリーム色、薄緑
（各少量）×各1

実物大型紙　フルーツタルト

角　本体
クリーム（大）

角　本体
クリーム（小）

タルトクリーム
タルト〈上〉

タルト〈横〉

フルーツロールケーキ
Swiss Roll with Fruit

photo-p.20
レベル ★★★☆☆

材料・道具 ※（ ）内は色番号　羊毛の必要量は作り方参照

羊毛
- ニードルわたわた　生成り（310）
  ※重さ：サイズ（重さとサイズが合わない場合は、厚みを調整する）
- フェルト羊毛ソリッド　白（1）、クリーム色（42）、赤（24）、黒（9）、サーモンピンク（37）、抹茶色（3）、黄緑（33）、オレンジ色（5）
- ナチュラルブレンド　薄黄（841）、赤茶（844）

その他
- きほんの用具
- チャコペン

ロールケーキ本体を作る

01 わたわた（15.3g：30×30cm）を8つ折りにして巻き、ケーキ生地の型紙に合わせて円柱に成形する（★p.30参照）。

02 白の羊毛（各1g）を型紙のクリームの形に軽く刺しまとめ、**01**の天面と底面に刺しつける。

03 薄黄の羊毛（0.6g）にクリーム色の羊毛（0.6g）を混ぜ、クリームの部分を囲むように両面に刺す。

04 赤茶の羊毛（2g）を**03**の側面に刺して焼き目をつける。縁を内側に押し込むように刺して整える。

05 焼き目部分にニードルを深く刺してくぼませ、ロールケーキの巻き終わり部分を作る。

06 赤茶の羊毛（ごく少量）を刺して、ロールケーキの切り口にも巻き終わり部分を作る。

フルーツの模様を入れる

07 型紙を参考に、フルーツを刺す部分にチャコペンで輪郭線を描く。

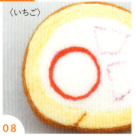

〈いちご〉

08 赤の羊毛（少量）で型紙の〈**08**〉の線をなぞるように刺す。

09 赤とサーモンピンクの羊毛（各少量）を1：1の割合で混ぜ、型紙の〈**09**〉の位置に刺す。

10 赤とサーモンピンクの羊毛（各少量）を1：2の割合で混ぜ、型紙の〈**10**〉の位置に刺す。

Point!
フルーツの断面は、色と色の境目をぼかすように浅く刺すときれいにできるよ！

11 白とサーモンピンクの羊毛（各少量）を1：1の割合で混ぜ、型紙の〈**11**〉の位置に刺す。

12
10と同じ配合の羊毛を型紙の〈12〉の位置に刺す。

13
11と同じ配合の羊毛を細い糸状にして、型紙の〈13〉のように刺す。

〈キウイ〉
14
抹茶色の羊毛（少量）で型紙の〈14〉の線をなぞるように刺す。

15
抹茶色と黄緑の羊毛（各少量）を1：1の割合で混ぜ、型紙の〈15〉の位置に刺す。

16
黄緑の羊毛（少量）を型紙の〈16〉の位置に刺す。

17
黄緑とクリーム色の羊毛（各少量）を1：2の割合で混ぜ、型紙の〈17〉の位置に刺す。

18
クリーム色の羊毛（少量）を細い糸状にして、型紙の〈18〉のように刺す。

19
黒の羊毛（少量）を指で小さくまとめて、型紙のように刺して種をつける（★p.36のコラム参照）。

〈マンゴー〉
20
オレンジ色の羊毛（少量）を型紙の〈20〉の位置に刺す。

21
オレンジ色とクリーム色の羊毛（各少量）を5：1の割合で混ぜ、型紙の〈21〉の位置に刺す。07〜20と同様にして、もう片面にもフルーツの模様を入れる。

実物大型紙

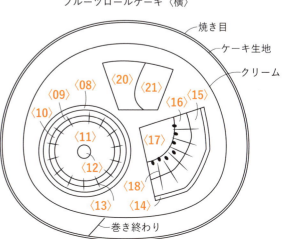

フルーツロールケーキ〈上〉

フルーツロールケーキ〈横〉

模様は片面だけでもいいけど、両面入れるときは反転させて刺すと本物っぽく見えるよ。

フルーツサンド　いちご
Fruit Sandwich　Strawberry

photo-p.21
レベル ★★★★☆

材料・道具　※（ ）内は色番号　羊毛の必要量は作り方参照

羊毛
- ニードルわたわた　生成り（310）
  ※重さ：サイズ（重さとサイズが合わない場合は、厚みを調整する）
- フェルト羊毛ソリッド　白（1）、抹茶色（3）、黄緑（33）、赤（24）、サーモンピンク（37）
- ナチュラルブレンド　ミルク色（801）

その他
- きほんの用具
- まち針
- チャコペン

サンドウィッチを作る

01 わたわた（12.4g：16×35cm）の短辺を4つ折りにし、クリームの型紙に合わせて三角柱に成形する。（★p.30参照）

02 白の羊毛（2.3g）を01の3つの側面すべてに刺す。

03 わたわた（各2.4g：6×18cm）をパンの型紙に合わせて、厚めの三角形に成形する。

04 ミルク色の羊毛（各1.2g）を03の側面をくるむように刺す。

05 2枚とも刺したところ。

06 まち針で05のうちの1枚を02の天面に仮止めする。この時は多少大きさが合わなくてもよい。

07 05と02の大きさが合うように、はみ出た部分を指でぎゅっと押さえながら全体を刺しつける。

08 3つの辺と角をきっちり合わせて全体を刺しつけたところ。

09 08の天面中央にわたわたを適量追加し、厚みや硬さを均一にする。ミルク色の羊毛（0.5g）を天面に刺す。

10 底面も06〜09と同様にして仕上げる。

フルーツの模様を入れる

11 型紙を参考に、フルーツを刺す部分にチャコペンで輪郭線を描く。

12 黄緑と抹茶色の羊毛を1：2の割合で混ぜて型紙の〈12a〉の位置に、黄緑と抹茶色の羊毛を1：1の割合で混ぜて型紙の〈12b〉の位置に刺す。

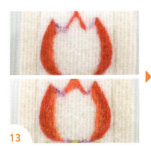

13
赤の羊毛（少量）で型紙の〈13a〉の線をなぞるように刺し、赤とサーモンピンクの羊毛（各少量）を1：1の割合で混ぜて型紙の〈13b〉の位置に刺す。

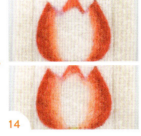

14
赤とサーモンピンクの羊毛（各少量）を1：2の割合で混ぜて型紙の〈14a〉の位置に、白とサーモンピンクの羊毛（各少量）を1：2の割合で混ぜて型紙の〈14b〉の位置に刺す。

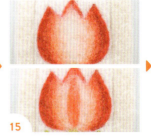

15
白とサーモンピンクの羊毛（各少量）を1：1の割合で混ぜて型紙の〈15a〉の位置に、赤とサーモンピンクの羊毛（各少量）を1：2の割合で混ぜて型紙の〈15b〉の位置に刺す。

16
赤とサーモンピンクの羊毛（各少量）を1：2の割合で混ぜ、細い糸状にして型紙の〈16〉のように刺す。11～16と同様にしてもう片面にも模様を入れる。

ぶどう
Grape

羊毛
- ニードルわたわた　生成り（310）18.2g
- フェルト羊毛ソリッド　白（1）2.4g、抹茶色（3）少量、黄緑（33）少量、紫（48）少量
- ナチュラルブレンド　ミルク色（801）3.4g

01
型紙を参考にして、フルーツを刺す部分にチャコペンで輪郭線を描く。

02
p.54の12と同様に刺し、紫の羊毛（少量）で型紙の〈02〉の線をなぞるように刺す。

03
紫と黄緑の羊毛（各少量）を3：1の割合で混ぜ、型紙の〈03〉の位置に刺す。

04
紫と黄緑の羊毛（各少量）を1：1の割合で混ぜ、型紙の〈04〉の位置に刺す。

05
紫と黄緑の羊毛（各少量）を1：2の割合で混ぜ、型紙の〈05〉の位置に刺す。

06
黄緑の羊毛（ごく少量）を指で小さくまとめ、型紙の〈06〉に刺す。

実物大型紙

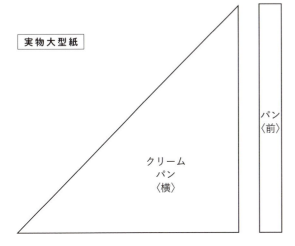

いちごの花

ぶどうの花

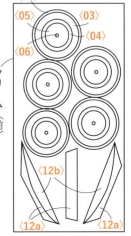

さくらんぼマカロンケーキ
Cherry Macaron Cake

photo-p.22 レベル ★★★★★

材料・道具 ※（ ）内は色番号　羊毛の必要量は作り方参照

羊毛
- ニードルわたわた　生成り(310)
- フェルト羊毛ソリッド　白(1)、薄ピンク(22)、赤(24)、黄緑(33)

その他
- きほんの用具
- 手芸用ボンド
- まち針
- 目打ち
- ワイヤー＜中細#26＞

マカロンを作る

01 わたわた（各5.3g）を型紙に合わせて、マカロンの形に2枚成形する。

02 薄ピンクの羊毛（各2.8g）を全体に刺す。どちらも内側にする面の中央あたりは見えなくなるので、刺さなくてよい。

03 02の側面にニードルを1周深く刺し、溝を入れる。

さくらんぼを作る

04 わたわた（各1g）を型紙に合わせて、さくらんぼの形に5個成形し、赤の羊毛（各0.6g）を全体に刺す。

クリームを作る

05 わたわた（各0.5g）を型紙に合わせて、クリームaの形に4個成形し、白の羊毛（各0.5g）を全体に刺す。

06 白の羊毛を型紙の分量に合わせて、クリームbの形に7本、クリームcの形に2本成形する。

07 クリームbのうちの1本を05の中央に刺しつける。bの残りを3本ずつ、その左右に並べて刺しつける。

08 クリームcを07の両側面に1本ずつ刺しつける。

09 06～08と同様にして、クリームを4個作る。

組み立てる

10 まち針で4個のさくらんぼをマカロンの1枚に仮止めし、ニードルで刺しつける。

11 さくらんぼの間にクリームを差し込み、刺して固定する。クリームは生地からはみ出てよい。

12 わたわた（1g）を球体に成形し、11の中央に刺しつける。

トッピングを作り、飾る

13 もう1枚のマカロンを12の上に刺しつける。

14 白の羊毛（1.2g）を型紙に合わせて、クリームdの形に成形する。

15 クリームdをマカロンケーキの天面中央に刺しつける。

16 白の羊毛を型紙の分量に合わせて、クリームeの形に10本成形する。

17 16のうちの1本をクリームdの内側から外側に向かって刺しつける。

18 17で刺しつけたクリームeにニードルを深く刺して筋を入れる。

19 17〜18と同様にして、クリームdをクリームeですべて覆う。

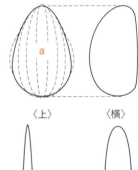

20 ワイヤーを5cmにカットし、上部を0.5cm曲げる。手芸用ボンドをつけ黄緑の羊毛（0.1g）を細くとって巻いていき、茎を作る。

21 04で作ったさくらんぼの残り1個に目打ちで穴をあけ、20で曲げていない方のワイヤーに手芸用ボンドをつけて茎を差し込む。

実物大型紙

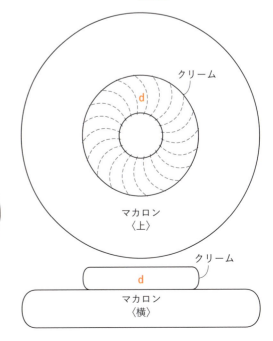

22 さくらんぼをマカロンケーキの上にのせる（固定したい場合は刺しつける）。

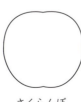

フルーツタルト
Fruit Tart

photo—p.18

レベル ★★☆☆☆

材料・道具 ※（ ）内は色番号　羊毛の必要量は作り方参照

羊毛
- ニードルわたわた　生成り（310）
  ※重さ：サイズ（重さとサイズが合わない場合は、厚みを調整する）
- フェルト羊毛ソリッド　白（1）
- ナチュラルブレンド　薄茶（842）、蜜柑茶色（843）

フルーツの羊毛は★pp.32〜36参照

その他
- きほんの用具

タルトを作る

01 わたわた（10.3g：11.5×35cm）の短辺を4つ折りにして巻き、タルトの型紙（★p.49）に合わせて薄い円柱に成形する（★p.30参照）。

02 薄茶の羊毛（0.5g）を01の側面の中央部分に帯を巻くように刺す。

03 薄茶の羊毛（0.8g）に蜜柑茶色の羊毛（0.8g）を混ぜ、そのうちの1g（各0.5g）を使って側面の上部分と下部分に刺す。

04 03ではみ出た部分は、上部分は天面側、下部分は底面側に倒して刺す。

05 03で混ぜた羊毛の残り（0.6g）を底面全体に刺す。

06 白の羊毛（0.5g）を型紙（★p.49）に合わせてタルトクリームの形に軽く刺しまとめ、タルトの天面に刺しつける。

トッピングクリームを作る

07 クリーム（小）の型紙（★p.49）に合わせて、白の羊毛（0.4g）を本体、白の羊毛（少量）を角の形に成形する。

08 クリーム（小）の本体に角を刺しつける。

パティスリーコペンのケーキピック
①下のデザインをコピーして厚紙に貼り、輪郭線で切る。
②エクレア、フルーツタルト、マカロンケーキなど好みの作品に飾る。

09 わたわた（1g）で型紙（★p.49）に合わせて07〜08と同様にしてクリーム（大）を作り、白の羊毛（0.3g）を全体に刺す。

トッピングフルーツを作り、盛りつける

10 いちご、桃、ぶどう、メロン（×2）、マンゴー（×3）を作り、クリームと一緒にタルトにトッピングする（フルーツは★pp.32〜36参照）。

固定したい場合は好みの位置に刺しつける。

How to make

動物マスコット編

動物の作品づくりは、
表情やポーズのつけ方がポイント。
羊毛のあたたかみのある手触りを楽しみながら、
お気に入りの子を完成させましょう。

(羊毛フェルトの基礎) ## ニードルわたわた・土台作りのきほん ②

動物の頭の形

01
シート状のわたわたを長方形にカットする。

02
01を手前から2回ほど巻く。

03
02の左右を内側に折り込む。

04
内側に折り込んだわたわたを軽く刺しとめる。

05
04を再度手前から1回巻く。

06
05の左右を内側に向かってぎゅっと押し込み、軽く刺しとめる。

07
05〜06をくり返し、わたわたを巻きながらすべて刺し終えたら、全方向からまんべんなく刺し、形を整える。

動物の体の形

01
長方形にカットしたシート状のわたわたの短辺を2つ折りにして巻き刺し、楕円柱に成形する。

動物によって形が違うから、動物作品の作り方ページの体の型紙aの幅に合わせて作ってね。

02
体の型紙aに合わせて、側面上部を指で囲うようにぎゅっと掴んで、天面にニードルを垂直に軽く刺す。

03
体の型紙aに合わせて、底面にニードルをいろいろな方向から刺して角を落とし、丸みをもたせる。

04
03の全体を刺して形を整える。体の型紙aの部分ができたところ。

05
体の型紙aの部分を横から見たところ。

赤ちゃんペンギン　座りポーズ
Baby Penguin　Sitting Pose

photo-p.6
レベル ★★★☆☆

材料・道具　※（　）内は色番号　羊毛の必要量は作り方参照

羊毛
- ニードルわたわた　ライトグレー（311）、生成り（310）
  ※重さ：サイズ（重さとサイズが合わない場合は、厚みを調整する）
  ※生成りは頭の土台のみに使用
- フェルト羊毛ソリッド　白（1）、黒（9）、グレー（54）

その他
- きほんの用具
- 手芸用ハサミ
- 手芸用ボンド
- まち針
- 目打ち
- チャコペン
- 刺し目＜2mm＞2個
- ワイヤー＜中細#26＞

頭を作る

01 生成りのわたわた（1g）を型紙に合わせて頭の形に成形し（★p.58参照）、型紙を参考に白の羊毛（0.2g）を刺す。

02 型紙を参考に、黒の羊毛（0.3g）を刺す。

体を作り、頭とつなげる

03 ライトグレーのわたわた（3.6g：8.4×20cm）を体の型紙aの形に成形し（★p.58参照）、（0.4g）を**b**、（1g）を**c**の位置に刺し、肉づけする。

04 まち針で頭を体に仮止めし、頭側から体側に向かって、ニードルで1周深く刺す。体側からも同様に1周刺す。

05 わたわた（0.2g）を頭と体の後ろの境目に刺し、肉づけする。

06 わたわた（各0.6g）を体の型紙の**d**の位置に刺し、肉づけする。

07 わたわた（各0.2g）を**d**と体の境目に刺し、つなぎ目をなめらかにする。

08 わたわた（0.1g）を体の型紙の**e**の位置に刺し、肉づけする。

09 肉づけしたところ。

実物大型紙

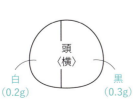
頭〈横〉
白（0.2g）　黒（0.3g）

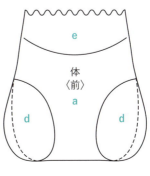
体〈前〉　a　e　d　d

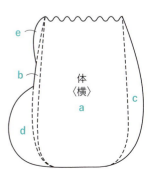
体〈横〉　e　b　a　c　d

顔を作る

実物大図案

実物大型紙

口ばし
黒
（少量）
〈横〉〈前〉

10 実物大図案を参考に、顔に模様を入れる。黒の羊毛（少量）を顔の中央に刺す。

11 10と頭の黒い部分がなめらかにつながるように模様の輪郭線を描く。

12 11で描いた輪郭線と黒い部分の隙間を埋めるように黒の羊毛（少量）を刺す。

口ばしを作る

目をつける

13 黒の羊毛（少量）を型紙に合わせて、口ばしの形に成形する。

14 まち針で口ばしを顔に仮止めし、ニードルで刺しつける。

15 グレーの羊毛（少量）に黒の羊毛（ごく少量）を混ぜ、口ばしの先に刺す。

16 目の位置にチャコペンで印をつけ、目打ちで穴を開ける。刺し目に手芸用ボンドをつけて差し込む。

翼を作る

Point!
ワイヤーが翼の中央にくるようにしてね。ニードルでワイヤーを刺さないように気をつけて！

0.7cm

17 ワイヤー（8.5cm）を半分に曲げてねじり、さらに4cmにカットする。型紙のワイヤーの形に合わせて曲げる。

18 ワイヤー部分を0.7cm残して、わたわた（0.3g）を巻きながら刺し、型紙に合わせて翼の形に成形する。

19 17〜18と同様にして、もう片方の翼も作る。

足を作る

0.3cm

20 体の側面（頭と体の境目から0.3cm下）の中央に翼をつける（★p.76-33〜34参照）。

21 わたわた（各0.1g）を翼と体の境目に刺し、肉づけする。

22 黒の羊毛（0.1g）を型紙の点線に合わせて、足の形に成形する。

23 ニードルを深く何度も刺し、2か所くぼませて指先を作る。

60

しっぽを作る

24 22〜23と同様に、もう片方の足も作る。

25 まち針で足を体の型紙のdの前面に仮止めし、ふわふわのまま残した部分を内側に押し込むようにニードルで刺して足の形に整えながら固定する。

26 黒の羊毛(少量)を型紙に合わせて、しっぽの形に成形する。

27 25と同様にして、しっぽを体に刺しつける。

ぼくたちの仲間をぜひ作ってみてね!

実物大型紙

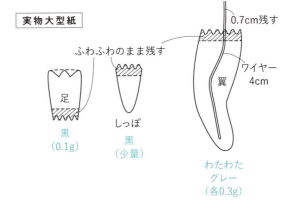

ふわふわのまま残す
0.7cm残す
翼
ワイヤー 4cm

足 黒 (0.1g)
しっぽ 黒 (少量)
わたわた グレー (各0.3g)

赤ちゃんペンギン　立ちポーズ
Baby Penguin　Standing Pose

材料・道具　※( )内は色番号

羊毛
- ニードルわたわた　ライトグレー(311)体…a(4.6g：9.4×20cm)
  ※重さとサイズが合わない場合は、厚みを調整する・b(0.4g)・c(1.6g)・d(各0.3g)・e(0.1g)／肉づけ用…0.4g／翼…0.6g、生成り(310)頭…1g
  ※生成りは頭の土台にのみに使用
- フェルト羊毛ソリッド　白(1)0.2g、黒(9)0.7g、グレー(54)少量

その他
- 刺し目<2mm>2個
- ワイヤー<中細#26>
- 他、p.59参照

作り方のポイント

赤ちゃんペンギン(座りポーズ)の作り方を参考に作ってみよう。

実物大型紙

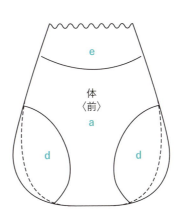
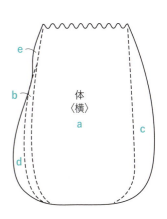

体〈前〉 / 体〈横〉

● 頭・口ばし・翼・足・しっぽの型紙と実物大図案は赤ちゃんペンギン(座りポーズ)と共通

うさぎ
Rabbit

photo-p.8

レベル ★★★★☆

材料・道具 ※（ ）内は色番号　羊毛の必要量は作り方参照

羊毛
- ニードルわたわた　生成り（310）
  ※重さ：サイズ（重さとサイズが合わない場合は、厚みを調整する）
- フェルト羊毛ソリッド　濃ピンク（36）、白（1）
- ナチュラルブレンド　ミルク色（801）

その他
- きほんの用具
- 手芸用ハサミ
- 手芸用ボンド
- まち針
- 目打ち
- チャコペン
- 刺し目＜2.5mm＞2個

頭を作る

01 わたわた（1.2g）を型紙に合わせて頭の形に成形し（★p.58参照）、ミルク色の羊毛（0.5g）を全体に刺す。

体を作り、頭とつなげる

02 わたわた（4.8g：9.6×22.5cm）を体の型紙のaの形に成形する（★p.58参照）。

03 まち針で頭を体に仮止めし、頭側から体側に向かって、ニードルで1周深く刺す。体側からも同様に1周刺す。

04 わたわた（0.9g）を体の型紙のbの位置に刺し、肉づけする。

05 わたわた（0.3g）を体の型紙のcの位置に刺し、肉づけする。

06 わたわた（0.5g）を体の型紙のdの位置に刺し、肉づけする。

07 わたわた（各0.5g）を体の型紙eの形にそれぞれ成形する。

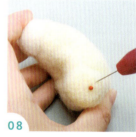

08 まち針でeを体の側面に仮止めし、ニードルで刺しつける。

09 わたわた（0.1g）をeと体の境目に刺し、つなぎ目をなめらかにする。

10 08〜09と同様にして、もう片方にも07を刺しつける。

11 わたわた（0.3g）を体の型紙のfの位置に刺し、肉づけする。

12 肉づけしたところ。

足を作る

13
ミルク色の羊毛（各0.2g）を型紙に合わせて足の形に成形し、先端をくぼませて指先を作る。（★p.60-22〜23参照）

14
まち針で足を体の型紙のeの底面に仮止めし、ふわふわのまま残した部分を内側に押し込むようにニードルで刺して足の形に整えながら固定する。

15
14と同様にして、もう片方にも足をつける。

16
わたわた（各0.1g）を体の型紙のgの位置に刺し、肉づけする。

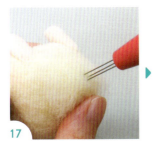

17
わたわた（0.1g）を体の型紙のhの位置に刺し、肉づけする。

18
ミルク色の羊毛（2.2g）を体全体に刺す。

口まわりを作る

19
ミルク色の羊毛（各0.2g）を両頬の位置に刺し、肉づけする。

20
ミルク色の羊毛（各少量）を型紙に合わせて、口まわりとあごの形に成形する。

21
まち針で口まわりを顔に仮止めし、ニードルで刺しつける。

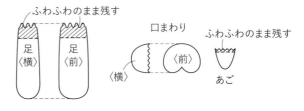

実物大型紙

22
まち針であごを口まわりの下に仮止めし、ふわふわのまま残した部分を顔になじませるようにニードルで刺す。

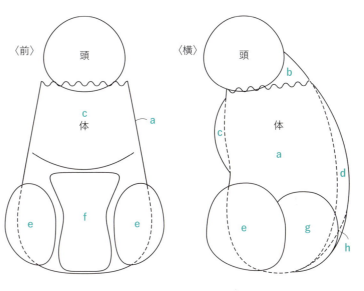

顔を作る

23 ミルク色の羊毛（少量）を指でまとめて軽く刺し固め、おでこに刺しつけて鼻すじを作る。

24 実物大図案を参考に、濃ピンクの羊毛（各ごく少量）を刺して鼻と口を作る（★p.36、下のコラム参照）。

25 目の位置にチャコペンで印をつけ、目打ちで穴を開ける。刺し目に手芸用ボンドをつけて差し込む。ミルク色の羊毛（各ごく少量）を目の上に刺し、肉づけする。

実物大図案

実物大型紙

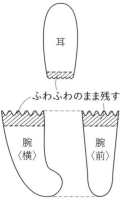

耳を作る

（※配置位置の都合上、ここに表示）

26 ミルク色の羊毛（各少量）を型紙に合わせて耳の形に成形し、濃ピンクの羊毛（各ごく少量）を耳の内側に刺す。

27 ふわふわのまま残した部分を頭の後ろ側に向け、耳が立体的になるようにまち針で仮止めしてニードルで刺しつける。

28 27と同様にして、もう片方の耳もつける。

腕を作る

29 ミルク色の羊毛（各0.5g）を型紙に合わせて、腕の形に成形する。

30 まち針で腕を体の側面に仮止めし、ニードルで刺しつける。

しっぽを作る

31 白の羊毛（0.2g）を型紙に合わせてしっぽの形に成形し、おしりに刺しつける。

Mini Column　線の入れ方

01 糸状の羊毛を刺し始めの位置に刺す。端のはみ出た羊毛は、ニードルの先で内側に寄せて刺し込んで処理する。

02 指で羊毛をピンと張り、羊毛の上をていねいに刺していく。刺し終わりは、少し長めに残してカットする。

03 01と同様にして端を処理する。太さが違うところや刺し足りないところを刺して全体を整える。

> 糸状の羊毛は、刺し込む分長さが必要になるから、慣れるまでは長めにしておく方がいいよ。

ハムスター
Hamster

photo-p.9

レベル ★★★★☆

材料・道具 ※（ ）内は色番号　羊毛の必要量は作り方参照

羊毛
- ニードルわたわた　生成り（310）
  ※重さ：サイズ（重さとサイズが合わない場合は、厚みを調整する）
- フェルト羊毛ソリッド　ベージュ（29）、薄ピンク（22）、グレー（54）、白（1）、濃ピンク（36）

その他
- きほんの用具
- 手芸用ハサミ
- 手芸用ボンド
- まち針
- 目打ち
- チャコペン
- 刺し目＜2.5mm＞2個

頭を作る

01 わたわた（0.8g）を型紙に合わせて頭の形に成形し（★p.58参照）、ベージュの羊毛（0.3g）を全体に刺す。

体を作り、頭とつなげる

02 わたわた（3.4g：7×18cm）を型紙に合わせて、体の型紙のaの形に成形する（★p.58参照）。

03 まち針で頭を体に仮止めし、頭側から体側に向かって、ニードルで1周深く刺す。体側からも同様に1周刺す。

04 わたわた（0.3g）を体の型紙のbの位置に刺し、肉づけする。

05 ベージュの羊毛（1g）を体全体に刺す。

口まわりを作る

06 ベージュの羊毛（各0.1g）を両頬の位置に刺し、肉づけする。

07 肉づけしたところ。

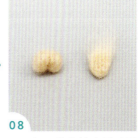

08 ベージュの羊毛（各少量）を型紙に合わせて、口まわりとあごの形に成形する。

09 まち針で口まわりを顔に仮止めし、ニードルで刺しつける。

実物大型紙

頭

口まわり　ふわふわのまま残す
〈横〉〈前〉　あご

体〈前〉a

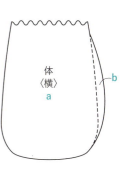

体〈横〉a　b

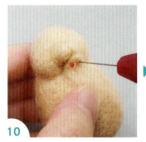

10
まち針であごを口まわりの下に仮止めし、ふわふわのまま残した部分を顔になじませるようにニードルで刺す。

11
ベージュの羊毛（少量）を指でまとめ、軽く刺し固める。

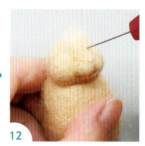

12
11をおでこに刺しつけ、鼻すじを作る。

顔を作る

13
目の位置にチャコペンで印をつけ、目打ちで穴を開ける。刺し目に手芸用ボンドをつけて差し込む。

14
ベージュの羊毛（各ごく少量）を目の上に刺し、肉づけする。

15
実物大図案を参考に、白の羊毛（少量）を口まわりに刺し、濃ピンクの羊毛（各ごく少量）を刺して鼻と口を作る（★p.36、64のコラム参照）。

手・腕を作る

16
薄ピンクの羊毛（各少量）に手芸用ボンドを少量つけ、折りたたんでこよりを作る要領でねじる。同じものを5本作る。

Point!
ボンドがある程度乾いたら、ハサミで形を整えるといいよ！

17
16のふわふわのまま残した部分を束ねて、刺し固めて手を作る。

18
17の手の甲と手のひらに、手芸用ボンドを少量ずつつけ、薄ピンクの羊毛（少量）をのせる。

19
手のふわふわのまま残した部分まで巻きつけ、手の型紙に合わせて刺し、形を整える。

20
19で羊毛を巻きつけた部分のすぐ下にベージュの羊毛（0.4g）を巻き刺し、型紙に合わせて腕の形に成形する。

21
16〜20と同様にして、もう片方の腕も作る。

22
まち針で腕を体の側面に仮止めし、ニードルで刺しつける。

23
ベージュの羊毛（各0.1g）を腕と体の境目に刺し、肉づけする。

24
腕をつけたところ。

足・脚を作る

25
16〜19と同様にして、型紙に合わせて足を作る。ふわふわのまま残した部分にベージュの羊毛(各0.2g)を巻き刺し、型紙に合わせて脚の形に成形する。

26
脚を体の下部に刺しつける。

27
わたわた(各0.5g)を脚に巻きつけるように刺し、肉づけする。

28
脚に肉づけしたところ。

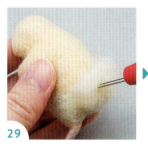

29
わたわた(0.8g)をおしりの部分に刺し、肉づけする。

30
おしりに肉づけしたところ。

31
ベージュの羊毛(0.6g)を27〜30で肉づけした部分に刺す。

しっぽを作る

32
薄ピンクの羊毛(少量)を型紙に合わせてしっぽの形に成形し、おしりに刺しつける。しっぽとおしりの境目にベージュの羊毛(0.1g)を刺し、肉づけする。

耳を作る

33
グレーの羊毛(各少量)に薄ピンクの羊毛(各ごく少量)を混ぜ、型紙に合わせて耳の形に成形する。耳の内側に薄ピンクの羊毛(各ごく少量)を刺す。

34
ふわふわのまま残した部分を矢印の方向に向け、耳が立体的になるようにまち針で仮止めしてニードルで刺しつける。

35
ベージュの羊毛(少量)を耳の付け根に植毛する。(★p.83-28〜29参照)

Point!
耳のふわふわの毛は少しつけるだけでいいよ。つけたらハサミで手入れしてあげてね。

67

実物大型紙

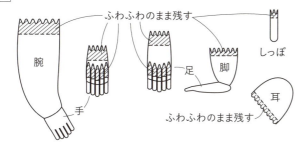

実物大図案

パンダ 座りポーズ
Panda Sitting Pose

photo—p.10
レベル ★★★★☆

材料・道具 ※（ ）内は色番号　羊毛の必要量は作り方参照

羊毛
- ニードルわたわた　生成り（310）
  ※重さ：サイズ（重さとサイズが合わない場合は、厚みを調整する）
- フェルト羊毛ソリッド　白（1）、黒（9）、濃ピンク（36）、グレー（54）

その他
- きほんの用具
- 手芸用ハサミ
- 手芸用ボンド
- まち針
- 目打ち
- チャコペン
- 刺し目＜2.5mm＞2個

頭を作る

01 わたわた（1.2g）を型紙に合わせて頭の形に成形し、白の羊毛（0.5g）を全体に刺す（★p.58参照）。

体を作り、頭とつなげる

02 わたわた（7.2g：24×22.5cm）の短辺を4つ折りにし、巻き刺して円柱に成形する（★p.58参照）。

03 02の中央を手で直角に折り曲げ、体の型紙のaを参考に押さえながら刺し固める。

04 03の上部をすぼめるように、手で押さえながら刺し固める。

05 04の下部を平らに広げるように刺し固める。

06 体の型紙aの部分ができたところ。

07 わたわた（1.5g）を体の型紙のb、（0.6g）をc、（1.2g）をdの位置に刺し、肉づけする。

08 肉づけしたところ。

09 まち針で頭を体に仮止めし、頭側から体側に向かって、ニードルで1周深く刺す。体側からも同様に1周刺す。

10 わたわた（1g）を頭と体の後ろの境目に刺し、肉づけする。

11 肉づけしたところ。

12 白の羊毛（1.8g）を体全体に刺す。

口まわりを作る

13 白の羊毛(0.5g)を楕円形に軽く刺し固める。

14 13を頬の位置に刺し、肉づけする。

15 13〜14と同様にして、もう片方の頬にも肉づけする。

16 白の羊毛(0.2g)を型紙に合わせて、口まわりの形に成形する。白の羊毛(少量)をあごの形に成形する。

17 まち針で口まわりを顔に仮止めし、ニードルで刺しつける。

18 白の羊毛(少量)を指でまとめて軽く刺し固め、おでこに刺しつけて鼻すじを作る。

19 まち針であごを口まわりの下に仮止めし、ふわふわのまま残した部分を顔になじませるようにニードルで刺す。

20 口まわりとあごをつけたところ。

顔を作る

21 実物大図案を参考に、黒の羊毛(各少量)を刺して目の周りの模様を入れ、鼻・口を作る(★p.36、64のコラム参照)。目の位置にチャコペンで印をつけ、目打ちで穴を開ける。刺し目に手芸用ボンドをつけて差し込む。

実物大図案

実物大型紙

頭

口まわり　ふわふわのまま残す
〈横〉　〈前〉　あご

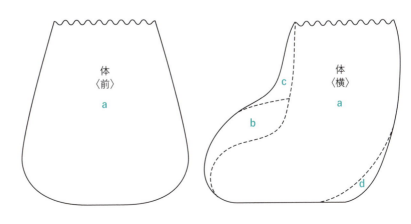
体〈前〉 a　　体〈横〉 a, b, c, d

体に模様を入れる

22 チャコペンで体に模様の輪郭線を描く。

23 22で描いた輪郭線の中を埋めるように、黒の羊毛（0.5g）を刺す。

24 白の羊毛（少量）を頭と体の前の境目に刺し、肉づけする。

25 模様を入れ、肉づけしたところ。

実物大型紙

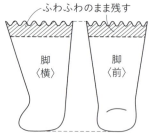

脚を作る

26 黒の羊毛（各1.1g）を型紙に合わせて、脚の形に成形する（★p.74-07〜12参照）。濃ピンクの羊毛（少量）にグレーの羊毛（ごく少量）を混ぜ、型紙を参考に、足裏に肉球を刺しつける（★p.36のコラム参照）。

27 まち針で脚を体の側面に仮止めし、ニードルで刺しつける。

28 白の羊毛（各0.3g）を脚と体の境目に刺し、肉づけする。

腕を作る

29 黒の羊毛（各1.0g）を型紙に合わせて、左腕と右腕の形に成形する。

30 まち針で左腕を体の側面に仮止めし、ニードルで刺しつける。

31 黒の羊毛（各0.2g）を左腕に刺し、肉づけする。

32 30〜31と同様にして、右腕もつける。

実物大型紙

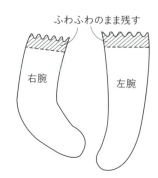

耳を作る

33 黒の羊毛（各少量）を型紙に合わせて、耳の形に成形する。

34 まち針で耳を頭に仮止めし、ニードルで刺しつける。ふわふわのまま残した部分は、耳の付け根にきれいに押し込む。

パンダ 立ちポーズ
Panda Standing Pose

材料・道具 ※（ ）内は色番号

羊毛
- ニードルわたわた　生成り（310）頭…1.2g、体…a（4g：8.4×21cm）※重さとサイズが合わない場合は、厚みを調整する
- b（0.7g）・c（0.6g）／肉づけ用…0.3g
- フェルト羊毛ソリッド　白（1）3.3g、黒（9）3.6g

その他
- 刺し目＜2.5mm＞2個
- ワイヤー＜中細#26＞
- 他、p.68参照

作り方のポイント

パンダ（座りポーズ）としろくま（立ちポーズ）の作り方を参考に作ってみよう。
- 頭を体に刺しつけ、わたわた（0.3g）を頭と体の後ろの境目に刺し、肉づけする。
- 白の羊毛（1.3g）を体全体に刺す。
- 白の羊毛（各0.5g）を脚と体の境目に刺し、肉づけする。
- 白の羊毛（各0.1g）を頬とあごの下に刺し、肉づけする。パンダ（座りポーズ）を参考に鼻すじを刺しつける。
- 黒の羊毛（0.3g）を刺し、体に模様を入れる。
- 黒の羊毛（各0.2g）を刺して、腕まわりを肉づけする。

実物大型紙

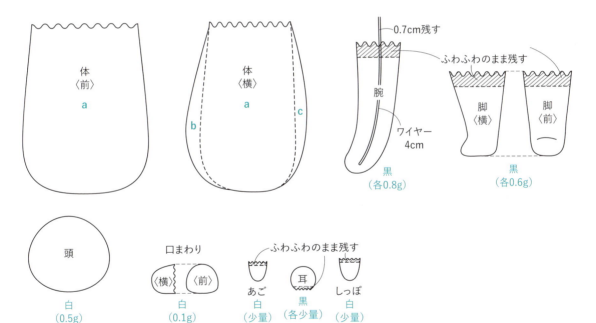

Mini Column　スポンジマットを使い分けよう

スポンジマットは、使っていると羊毛が表面についたり、中に食い込んだりするので、羊毛の色を変える時は、粘着テープなどで必ず表面をきれいにしてから使おう。

特に黒の羊毛は、薄い色の羊毛につくと取れにくいので、要注意！黒専用のスポンジマットを用意、または濃い色、薄い色をスポンジマットの裏と表で使い分けたりするといいよ！

赤ちゃんアザラシ
Baby Seal

photo-p.16
レベル ★★★☆☆

材料・道具
※（ ）内は色番号　羊毛の必要量は作り方参照

羊毛
- ニードルわたわた　生成り(310)
  ※重さ：サイズ（重さとサイズが合わない場合は、厚みを調整する）
- フェルト羊毛ソリッド　白(1)、黒(9)、グレー(54)

その他
- きほんの用具
- 手芸用ハサミ
- 手芸用ボンド
- まち針
- 目打ち
- チャコペン
- 刺し目<3mm>2個

頭を作る

01 わたわた(1g)を型紙に合わせて頭の形に成形し(★p.58参照)、白の羊毛(0.4g)を全体に刺す。

体を作り、頭とつなげる

02 わたわた(2.8g：9.6×10cm)を体の型紙aの形に成形する(★p.58参照)。

03 まち針で頭と体を仮止めし、頭側から体側からに向かって、ニードルで1周深く刺す。体側からも同様に1周刺す。

04 わたわた(0.4g)を頭と体の後ろの境目に刺し、肉づけする。

実物大型紙

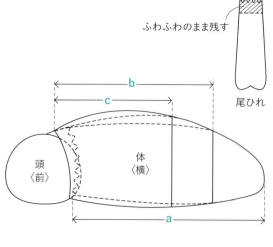

ふわふわのまま残す
尾ひれ

05 頭と体をつなげたところ。

06 わたわた(0.6g)を体の型紙のb、(0.4g)をcの位置に刺し、肉づけする。

尾ひれを作る

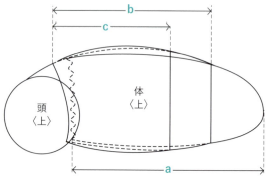

07 肉づけしたところ。

08 白の羊毛(各0.2g)を型紙に合わせて、尾ひれの形に成形する(★p.60-22〜23参照)。

09
まち針で尾ひれをおしりに仮止めし、ニードルで刺しつける。同様にしてもう1枚の尾ひれもつける。

10
白の羊毛（0.1g）を尾ひれの付け根に刺し、肉づけする。

11
白の羊毛（1g）を体全体に刺す。

実物大図案

口まわりを作る

12
白の羊毛（少量）を左頬の位置に刺し、肉づけする。

Point!
チャコペンで顔の中心に目安となる線を描いておくと、顔を作りやすいよ。

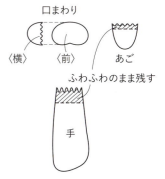

13
白の羊毛（各少量）を型紙に合わせて、口まわりとあごの形に成形する。

実物大型紙

口まわり 〈横〉〈前〉 あご
ふわふわのまま残す
手

14
まち針で口まわりを顔に仮止めし、ニードルで刺しつける。

15
まち針であごを口まわりの下に仮止めし、ふわふわのまま残した部分を顔になじませるようにニードルで刺す。

16
白の羊毛（各ごく少量）を口まわりとあごの境目に刺し、つなぎ目をなめらかにする。

顔を作る

17
目の位置にチャコペンで印をつけ、目打ちで穴を開ける。刺し目に手芸用ボンドをつけて差し込む。

18
白の羊毛（少量）をおでこに刺し、鼻すじを作る。

19
実物大図案を参考に、グレーの羊毛（少量）に黒の羊毛（ごく少量）を混ぜ、口まわりに刺す。黒の羊毛（各少量）を刺して鼻・口・眉を作る（★p.36、64のコラム参照）。

手を作る

20
白の羊毛（各0.2g）を型紙に合わせて、手の形に成形する。

21
まち針で手を体の側面に仮止めし、ニードルで刺しつける。同様にしてもう片方の手もつける。

しろくま 立ちポーズ
Polar Bear　Standing Pose

photo—p.18　レベル ★★★☆☆

材料・道具　※（ ）内は色番号　羊毛の必要量は作り方参照

- 羊毛
  - ニードルわたわた　生成り(310)
    ※重さ：サイズ（重さとサイズが合わない場合は、厚みを調整する）
  - フェルト羊毛ソリッド　白(1)、黒(9)

- その他
  - きほんの用具
  - 手芸用ハサミ
  - 手芸用ボンド
  - まち針
  - 目打ち
  - チャコペン
  - 刺し目<2.5mm>2個
  - ワイヤー<中細#26>

頭を作る

01 わたわた(1.2g)を型紙に合わせて頭の形に成形し(★p.58参照)、白の羊毛(0.5g)を全体に刺す。

体を作り、頭とつなげる

02 わたわた(4g：8.4×21cm)を体の型紙aの形に成形し(★p.58参照)、(0.3g)をb、(0.5g)をcの位置に刺し、肉づけする。

03 まち針で頭と体を仮止めし、頭側から体側に向かって、ニードルで1周深く刺す。体側からも同様に1周刺す。

04 わたわた(0.2g)を頭と体の後ろの境目に刺し、肉づけする。

05 〈横〉頭と体をつなげたところ。

06 〈前〉白の羊毛(1.2g)を体全体に刺す。

脚を作る

07 白の羊毛(0.4g)を長くとる。脚の型紙の幅に合わせて巻きながら刺し、ゆるめに固める。

08 07を型紙の足首の位置で直角に曲げて刺し固め、かかとになる部分を作る。

09 型紙を参考に、08で直角に曲げた先を刺してつま先を作る。

10 白の羊毛(少量)をつま先に刺し、肉づけする。

11 白の羊毛(0.4g)を足首から上に巻きつける。

12 1度刺し固め、型紙の分量を参考に、太ももに向かってだんだん太くなるように肉づけする。

13
黒の羊毛（各ごく少量）を細くとり、型紙を参考に、つま先に刺して4本の筋を入れる。

14
07〜13と同様にして、もう片方の脚も作る。

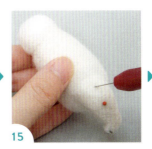
15
まち針で脚を体の側面に仮止めし、ニードルで刺しつける。

16
白の羊毛（各0.3g）を脚と体の境目に刺し、肉づけする。

17
15〜16と同様にして、もう片方にも脚をつける。

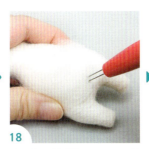
18
白の羊毛（少量）をおしりに刺し、肉づけする。

19
肉づけしたところ。

口まわりを作る

20
白の羊毛（0.2g）を型紙に合わせて口まわりの形に成形し、白の羊毛（少量）をあごの形に成形する。

21
まち針で口まわりを顔に仮止めし、ニードルで刺しつける。

22
まち針であごを口まわりの下に仮止めし、ふわふわのまま残した部分を顔になじませるようにニードルで刺す。

23
白の羊毛（各0.1g）を両頬の位置に刺し、肉づけする。

実物大型紙

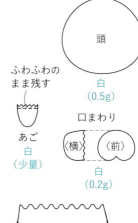

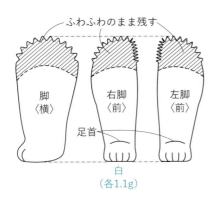

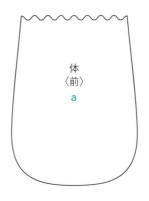

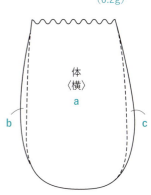

顔を作る

24 実物大図案を参考に、黒の羊毛（少量）を指で軽くまとめ、刺して鼻を作る。黒の羊毛（ごく少量）をねじって糸状にし、鼻下・口まわりとあごの境目の溝に刺す。（★p.36、64のコラム参照）

25 目の位置にチャコペンで印をつけ、目打ちで穴を開ける。

26 刺し目の先に手芸用ボンドをつけて穴に差し込み、指で軽く押し込む。

耳を作る

27 白の羊毛（各少量）を型紙に合わせて、耳の形に2個成形する。

28 ふわふわのまま残した部分を頭の後ろ側に向け、耳が立体的になるようにまち針で仮止めしてニードルで刺しつける。

腕を作る

29 ワイヤー（8.5cm）を半分に曲げてねじり、4cmにカットする。0.7cm残して白の羊毛（0.4g）にのせる。

30 羊毛をワイヤーに巻きながら刺し固める。手になる部分の羊毛はワイヤーの先を覆うように内側に折りたたむ。

31 白の羊毛（0.4g）を型紙に合わせて、30に巻き刺し、二の腕に向かってだんだん太くなるように肉づけする。手先は丸くなるように刺す。

32 29〜31と同様にしてもう片方の腕も作る。13と同様にして指先に筋を入れる。

33 体の側面（頭と体の境目から0.3cm下）の中央に目打ちで穴を開ける。

34 腕のワイヤー部分に手芸用ボンドをつけて33で開けた穴に差し込み、ふわふわのまま残した部分を体になじませるように刺して固定する。

35 白の羊毛（各0.2g）を腕と体の境目に刺し、腕まわりを肉づけする。

36 33〜35と同様にして、もう片方にも腕をつける。

しっぽを作る

37 白の羊毛（少量）を型紙に合わせて、しっぽの形に成形する。まち針でしっぽをおしりに仮止めし、ニードルで刺しつける。

実物大図案 / **実物大型紙**

しっぽ 白（少量）
耳 白（各少量）
ふわふわのまま残す
0.7cm残す
ワイヤー 4cm
腕〈横〉 腕〈前〉

しろくま 座りポーズ
Polar Bear Sitting Pose

材料・道具　※（ ）内は色番号

羊毛
- ニードルわたわた　生成り(310) 頭…1.2g、体…a (4g：7.8×23cm) ※重さとサイズが合わない場合は、厚みを調整する・b (1.1g) ／肉づけ用…1.3g
- フェルト羊毛ソリッド　白(1) 7.4g、黒(9) 0.1g

その他
- 刺し目<2.5mm>2個
- 他、p.74参照

作り方のポイント

しろくま(立ちポーズ)の作り方を参考に作ってみよう。
- 頭を体に刺しつけ、わたわた(0.2g)を頭と体の後ろの境目に刺し、肉づけする。
- 脚を体に刺しつけ、わたわた(各0.3g)を脚と体の境目に刺し、肉づけする。
- わたわた(0.2g)をおしりの部分に刺し、肉づけする。
- 白の羊毛(1.2g)を体全体に刺す。

実物大型紙

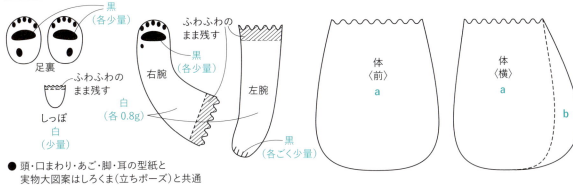

- 頭・口まわり・あご・脚・耳の型紙と実物大図案はしろくま(立ちポーズ)と共通

Mini Column　ポーズのつけ方

01 腕を曲げたい角度まで指でしならせ、押さえながら刺し固める。

02 まち針で腕を体の側面に仮止めする。

03 まち針を軸にして腕を上下に動かしてみて、作りたいポーズが決まったらニードルで刺し固める。

04 02〜03と同様にしてもう片方の腕もつける。

05 顔を向かせたい方向を正面にし、チャコペンで顔の中心線を描く。

06 口まわりの中心を顔の中心線に合わせてまち針で仮止めし、ニードルで刺しつける。

07 口まわりの下にあごを刺しつけ、両頬を肉づけする。

08 p.76-24〜28と同様にして顔を作り、耳をつける。

カワウソ
Otter

photo—p.20
レベル ★★★★☆

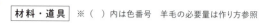

材料・道具　※（ ）内は色番号　羊毛の必要量は作り方参照

羊毛
- ニードルわたわた　生成り（310）
  ※重さ：サイズ（重さとサイズが合わない場合は、厚みを調整する）
- フェルト羊毛ソリッド　こげ茶（41）、黒（9）、薄ピンク（22）
- ナチュラルブレンド　黄土色（808）、ミルク色（801）

その他
- きほんの用具
- 手芸用ハサミ
- 手芸用ボンド
- まち針
- 目打ち
- チャコペン
- 刺し目＜2mm＞2個
- ワイヤー＜中細#26＞

頭を作る

01 わたわた（0.8g）を型紙に合わせて頭の形に成形し（★p.58参照）、ミルク色の羊毛（0.3g）を全体に刺す。

体を作り、頭とつなげる

02 わたわた（3.3g：10×15cm）を型紙に合わせて、体の型紙のaの形に成形する（★p.58参照）。

03 まち針で頭を体に仮止めし、頭側から体側に向かって、ニードルで1周深く刺す。体側からも同様に1周刺す。

04 わたわた（0.6g）を体の型紙のbの位置に刺し、肉づけする。

05 わたわた（0.5g）を体の型紙のcの位置に刺し、肉づけする。

06 肉づけしたところ。

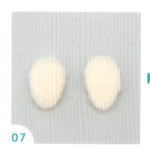

07 わたわた（各0.5g）を型紙に合わせて、体の型紙dの形に成形する。

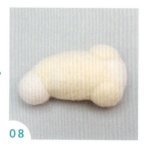

08 07を体の型紙のdの位置に刺しつける。

09 こげ茶の羊毛（0.7g）に黄土色の羊毛（0.7g）を混ぜ、そのうちの1.3gを体全体に刺す。

10 ミルク色の羊毛（少量）を下側の首元に刺す。

Point!
薄く広げた羊毛の繊維を、ニードルで外向きにかき出すように刺すと境目を上手くぼかせるよ。

11 09で混ぜた羊毛の残りを頭の上部分に刺す。

手・腕を作る

12 こげ茶の羊毛（各0.1g）を型紙に合わせて、手の形に成形する。

13 こげ茶の羊毛（0.1g）に黄土色の羊毛（0.1g）を混ぜ、手のふわふわのまま残した部分に巻き、軽く刺し固める。

14 13を型紙の肘の位置で直角に曲げて刺し固め、腕の形に成形する。

15 13〜14と同様にして、もう片方の腕も作る。

16 まち針で腕を体の側面に仮止めし、ニードルで刺しつける。

17 16と同様にして、もう片方にも腕をつける。

足を作る

18 こげ茶の羊毛（各0.1g）を型紙に合わせて、足の形に成形する。

19 まち針で足を体の底面に仮止めし、刺し固めた部分をニードルで刺しつける。ふわふわのまま残した部分は刺しつけない。

20 19のふわふわのまま残した部分を足になじませるように刺す。

21 19〜20と同様にして、もう片方にも足をつける。

実物大型紙

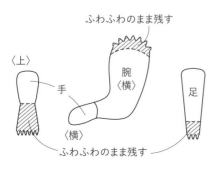

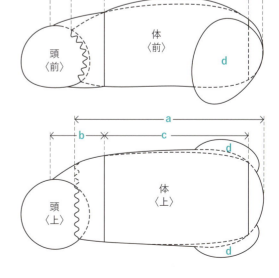

22
ミルク色の羊毛（各少量）を型紙に合わせて、口まわりとあごの形に成形する。

23
まち針で口まわりを顔に仮止めし、ニードルで刺しつける。

顔を作る

24
まち針であごを口まわりの下に仮止めし、ふわふわのまま残した部分を顔になじませるように刺す。

25
実物大図案を参考に、こげ茶の羊毛（ごく少量）に黄土色の羊毛（ごく少量）を混ぜ、口まわりの上に刺す。

26
薄ピンクの羊毛（少量）に黄土色の羊毛（ごく少量）を混ぜ、指で細くねじり、鼻下と口を刺す。

27
黒の羊毛（少量）にこげ茶の羊毛（ごく少量）を混ぜ、刺して鼻を作る。

28
目の位置にチャコペンで印をつけ、目打ちで穴を開ける。刺し目に手芸用ボンドをつけて差し込む。

耳を作る

29
こげ茶の羊毛（少量）に黄土色の羊毛（少量）を混ぜ、型紙に合わせて耳の形に成形する。

しっぽを作る

30
ふわふわのまま残した部分を頭の後ろ側に向け、耳が立体的になるようにまち針で仮止めしてニードルで刺しつける。

31
耳をつけたところ。

32
ワイヤー（10cm）を半分に曲げてねじり、4.5cmにカットする。こげ茶の羊毛（0.2g）をワイヤーの先を覆うように折りたたんで巻き刺し、しっぽの先を作る。

33
こげ茶の羊毛（0.2g）に黄土色の羊毛（0.2g）を混ぜ、32に少しかぶせるようにして巻き刺す。ワイヤー部分を0.7cm残し、型紙に合わせてしっぽの形に成形する。

34
目打ちでおしりに穴をあけ、しっぽのワイヤー部分に手芸用ボンドをつけて差し込み、ふわふわのまま残した部分をなじませるように刺して、体に固定する。

実物大図案

実物大型紙

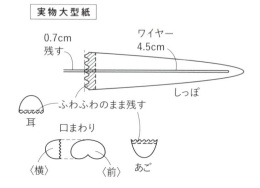

柴犬
Shiba Dog

photo—p.21

レベル ★★★★☆

材料・道具
※（ ）内は色番号　羊毛の必要量は作り方参照

羊毛
- ニードルわたわた　生成り（310）
  ※重さ：サイズ（重さとサイズが合わない場合は、厚みを調整する）
- フェルト羊毛ソリッド　白（1）、グレー（54）、黒（9）
- ナチュラルブレンド　黄土色（808）

その他
- きほんの用具
- 手芸用ハサミ
- 手芸用ボンド
- まち針
- 目打ち
- チャコペン
- 刺し目＜2.5mm＞2個
- ワイヤー＜中細#26＞

頭を作る

01 わたわた（1.2g）を型紙に合わせて頭の形に成形し（★p.58参照）、型紙を参考に白の羊毛（0.3g）を刺す。

体を作り、頭とつなげる

02 わたわた（4g：8.4×21cm）を体の型紙のaの形に成形し（★p.58参照）、(0.3g)をbの位置に刺し、肉づけする。

03 まち針で頭を体に仮止めし、頭側から体側に向かって、ニードルで1周深く刺す。体側からも同様に1周刺す。

04 わたわた（0.2g）を頭と体の後ろの境目に刺し、肉づけする。

05 頭と体をつなげ、白の羊毛（0.6g）を体の前面に刺す。

脚を作る

06 白の羊毛（各0.6g）を型紙に合わせて、脚の形に成形する。

07 06を体に刺しつける。

08 白の羊毛（各0.2g）を脚と体の境目に刺し、肉づけする。

09 肉づけしたところ。

実物大型紙

顔　頭〈横〉
白（0.3g）

ふわふわのまま残す
脚〈横〉　脚〈前〉

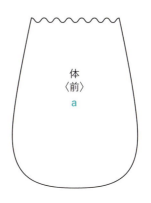

体〈前〉a

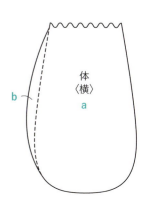

b　体〈横〉a

腕を作る

10
ワイヤー（各8.5cm）を半分に曲げてねじり、4cmにカットする。0.7cm残して白の羊毛（各0.6g）を巻き刺し、腕の形に成形する。

11
体の側面（頭と体の境目から0.3cm下）の中央に目打ちで穴を開ける。腕のワイヤー部分に手芸用ボンドをつけて差し込み、ふわふわのまま残した部分を体に刺して固定する。

12
白の羊毛（各0.1g）を腕と体の境目に刺し、腕まわりを肉づけする。

13
11～12と同様にして、もう片方にも腕をつける。

口まわりを作る

14
白の羊毛（0.2g）を型紙に合わせて口まわりの形に成形する。白の羊毛（少量）をあごの形に成形する。

15
まち針で口まわりを顔に仮止めし、ニードルで刺しつける。

16
まち針であごを口まわりの下に仮止めし、ふわふわのまま残した部分を顔になじませるように刺す。

17
白の羊毛（各ごく少量）を口まわりとあごの付け根に刺し、肉づけする。

模様を入れる

18
実物大図案を参考に、黄土色の羊毛（1g）を頭と体の側面、背面に刺して模様を入れる。

顔を作る

19
実物大図案を参考に、グレーの羊毛（少量）に黒の羊毛（ごく少量）を混ぜ、口もとに刺す。

20
黒の羊毛（各ごく少量）を刺して鼻と口を作る（★p.36、64のコラム参照）。

21
目の位置にチャコペンで印をつけ、目打ちで穴を開ける。刺し目に手芸用ボンドをつけて差し込む。

22
白の羊毛（少量）を刺して、目の上にまろ眉をつける。

耳を作る

23
黄土色の羊毛（各少量）を型紙に合わせて、耳の形に成形する。

24
ふわふわのまま残した部分を頭の後ろ側に向け、耳が立体的になるようにまち針で仮止めしてニードルで刺しつける。

25
白の羊毛（各少量）を耳の内側に刺す。

しっぽを作る

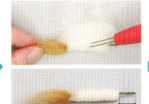

26
ワイヤー（8cm）を半分に曲げ、間に黄土色の羊毛（少量）をはさんでねじる。

27
ワイヤー部分を0.7cm残してわたわた（0.2g）を羊毛部分に少しかぶるように巻き刺す。

28
新しい黄土色の羊毛（少量）を細くとり、中心を、27のわたわた部分（片面）の左端に刺しつける。

29
28で刺した羊毛を2つ折りにし、再度上から28と同じ位置を刺す。

30
刺す位置を右にずらしながら、28～29と同様の作業をくり返して、わたわたの右端まで植毛する。

31
しっぽを裏返し、白色の羊毛（少量）で28～30と同様に植毛する。

32
植毛したところ。

33
実物大図案を参考に、手芸用ハサミで毛の長さを整える。

34
しっぽができたところ。

35
目打ちでおしりに穴をあけ、しっぽのワイヤーに手芸用ボンドをつけて差し込み、植毛した一部分をなじませるように刺して、体に固定する。

実物大図案

実物大型紙

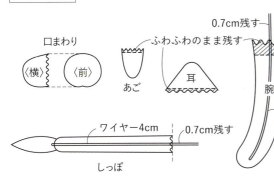

茶トラ白猫
Red Tabby and White Cat

photo–p.22
レベル
★★★★☆

材料・道具 ※（ ）内は色番号　羊毛の必要量は作り方参照

羊毛
- ニードルわたわた　生成り（310）
- ※重さ：サイズ（重さとサイズが合わない場合は、厚みを調整する）
- フェルト羊毛ソリッド　白（1）、濃ピンク（36）
- ナチュラルブレンド　薄茶（842）、赤茶（844）

その他
- きほんの用具
- 手芸用ハサミ
- 手芸用ボンド
- まち針
- 目打ち
- チャコペン
- 刺し目＜2.5mm＞2個
- テグス＜2号＞
- ワイヤー＜中細#26＞

頭を作る

01 わたわた（1.2g）を型紙に合わせて頭の形に成形し（★p.58参照）、型紙を参考に白の羊毛（0.2g）を刺す。

体を作り、頭とつなげる

02 わたわた（3.5g：7.8×20cm）を体の型紙の**a**の形に成形し（★p.58参照）、（0.3g）を**b**と**c**の位置に刺し、肉づけする。

03 まち針で頭を体に仮止めし、頭側から体側に向かって、ニードルで1周深く刺す。体側からも同様に1周刺す。

04 わたわた（0.1g）を頭と体の後ろの境目に刺し、肉づけする。

05 頭と体をつなげたところ。

脚を作る

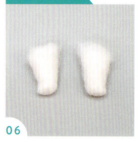

06 白の羊毛（各0.5g）を型紙に合わせて、脚の形に成形する（★p.74-07～12参照）。

07 脚を体の下部に刺しつける。

08 わたわた（各0.4g）を脚と体の境目に太ももを作るように刺し、肉づけする。

09 脚をつけたところ。

10 白の羊毛（0.5g）を体の前面（模様のない胸元から脚の付け根あたり）に刺す。

11 白の羊毛（各少量）を両頬の位置に刺し、肉づけする。

12 両頬に肉づけしたところ。

腕を作る

13
白の羊毛（各0.7g）を型紙に合わせて、腕の形に成形する。

14
まち針で腕を体の側面に仮止めし、ニードルで刺しつける。

15
腕をつけたところ。

16
実物大図案を参考に、薄茶の羊毛（1g）で顔や体に模様を入れる。

耳を作る

17
薄茶の羊毛（各少量）を型紙に合わせて、耳の形に成形する。濃ピンクの羊毛（各ごく少量）を耳の内側に刺す。

18
ふわふわのまま残した部分を頭の後ろ側に向け、耳が立体的になるようにまち針で仮止めしてニードルで刺しつける。

口まわりを作る

19
白の羊毛（各少量）を型紙に合わせて、口まわりとあごの形に成形する。

20
まち針で口まわりを顔に仮止めし、ニードルで刺しつける。

21
まち針であごを口まわりの下に仮止めし、ニードルでふわふわのまま残した部分を顔になじませるように刺す。

22
白の羊毛（ごく少量）を指でまとめて軽く刺し固め、おでこに刺しつけて鼻すじを作る。

実物大図案

実物大型紙

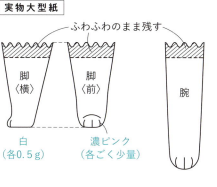

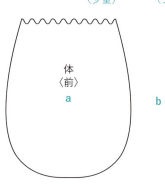

顔を作る

23 濃ピンクの羊毛（各ごく少量）を刺して鼻と口を作る。目の位置にチャコペンで印をつけ、目打ちで穴を開ける。刺し目に手芸用ボンドをつけて差し込む。（★p.36、64のコラム参照）

縞模様を入れる

24 実物大図案を参考に、赤茶の羊毛（各少量）を細長くとり、顔・後頭部・腕に刺す。顔に模様を入れた後、テグスでひげをつける（「ひげのつけ方」参照）。

25 赤茶の羊毛（各少量）を細くとり、左右の太ももから背中にかけて刺す。

26 余った部分はハサミでカットした後、刺して形を整える。

27 太ももから背中にかけて縞模様を入れたところ。

28 実物大図案を参考に、赤茶の羊毛（各少量）を模様の幅に合わせて太目にとり、背中に刺す。

29 背中全体に縞模様を入れたところ。

手・足の指先を作る

30 濃ピンクの羊毛（各ごく少量）を細くとり、型紙を参考に足に3本の筋を刺して指先を作る。

実物大図案

ひげのつけ方

①テグスを手縫い針に通して矢印の方向に刺し、適当な長さにカットする。

②同様にしてもう1本つける。

31 30と同様にして、手の指先も作る。

しっぽを作る

32 ワイヤー（10cm）を半分に曲げてねじり、4.5cmにカットする。0.7cmを残して白の羊毛（0.2g）にのせる。

33 羊毛をワイヤーに巻きながら刺し固める。しっぽの先になる部分の羊毛はワイヤーの先を覆うように内側に折りたたむ。

34 型紙に合わせて、しっぽの形に成形する。

実物大型紙

0.7cm残す

ワイヤー 4.5cm

しっぽ 白（0.2g）

ふわふわのまま残す

86

35
実物大図案を参考に、薄茶の羊毛(少量)をしっぽの先以外に刺す。赤茶の羊毛(少量)を細くとって、縞模様を入れる。

36
目打ちでおしりに穴をあけ、しっぽのワイヤー部分に手芸用ボンドをつけて差し込み、ふわふわのまま残した部分をなじませるように刺して、体に固定する。

体の色や模様を変えて自分のお気に入りの猫種を作るのもいいね！

三毛猫
Calico Cat

材料・道具 ※( )内は色番号

羊毛
- ニードルわたわた　生成り(310)頭…1.2g、体…a(4g:8.4×21cm)※重さとサイズが合わない場合は、厚みを調整する
  ・b(0.4g)・c(0.3g)／肉づけ用…(0.1g)
- フェルト羊毛ソリッド　白(1)5.2g、黒(9)0.2g、濃ピンク(36)少量
- ナチュラルブレンド　蜜柑茶色(843)0.2g

その他
- 刺し目<2.5mm>2個
- テグス<2号>
- ワイヤー<中細#26>
- 他、p.84参照

作り方のポイント

しろくま(立)と茶トラ白猫の作り方を参考に作ってみよう。
- 白の羊毛(1.4g)を体全体に刺す。
- 白の羊毛(各0.2g)を脚と体の境目に刺し、肉づけする。
- 白の羊毛(各0.2g)を刺して、腕まわりを肉づけする。
- 実物大図案を参考に模様を入れる。

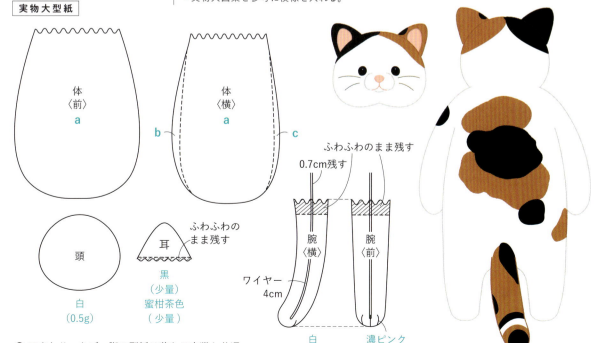

実物大型紙　／　**実物大図案**

● 口まわり・あご・脚の型紙は茶トラ白猫と共通

Profile

trois M（トロワエム）　カワベ モエ

モノづくりが好きな家庭で育ち、2015年より独学で羊毛フェルト作品の制作を始める。オーダー作品の販売経験を経て、2018年よりオリジナル作品の制作・販売を開始。主なモチーフはかわいい動物と食べ物で、制作シーンを「こぺんぎん3兄弟」の日常生活とともにSNSで楽しく紹介している。著書に『trois Mの羊毛フェルト基礎BOOK』（日本ヴォーグ社）。

trois_em
https://www.instagram.com/trois_em/

Staff

ブックデザイン	日毛 直美
撮影	白井 由香里
スタイリング	西森 萌
撮影・スタイリング（P4-5・プロセス)	
イラスト・型紙	カワベ モエ
編集協力	八文字 則子
	高澤 敦子
	atelier ribera
編集担当	髙橋 千里

Sponsor

［用具提供］
クロバー株式会社
TEL.06-6978-2277（お客さま係）
https://clover.co.jp

［素材提供］
ハマナカ株式会社
TEL.075-463-5151（代）
ハマナカコーポレートサイト
hamanaka.co.jp

［撮影協力］
AWABEES
TEL.03-6434-5635

UTUWA
TEL.03-6447-0070

羊毛フェルトで作る
ちいさな動物たちのパティスリー

発行日　　2025年2月26日

発行人　　瀬戸信昭
編集人　　佐伯瑞代
発行所　　株式会社　日本ヴォーグ社
　　　　　〒164-8705　東京都中野区弥生町5-6-11
　　　　　TEL.03-3383-0644（編集）
　　　　　出版受注センター　TEL.03-3383-0650　FAX.03-3383-0680
印刷所　　株式会社シナノ

Printed in Japan　©MOE KAWABE 2025
ISBN978-4-529-06441-5

あなたに感謝しております。　We are grateful.
手づくりの大好きなあなたが、この本をお選びくださいましてありがとうございます。
内容はいかがでしたでしょうか？
本書が少しでもお役にたてば、こんなにうれしいことはありません。
日本ヴォーグ社では、手づくりを愛する方とのお付き合いを大切にし、
ご要望にお応えする商品、サービスの実現を常に目標としています。
小社並びに出版物について、何かお気づきの点やご意見がございましたら、
なんなりとお申し付けください。そういうあなたに私共は常に感謝しております。

株式会社日本ヴォーグ社
社長　瀬戸信昭
FAX.03-3383-0602

JCOPY 〈（社）出版者著作権管理機構　委託出版物〉
本書（誌）の無断複製は著作権法上での例外を除き禁じられています。複製する場合は、
そのつど事前に、出版者著作権管理機構（電話 03-5244-5088、Ｆａｘ03-5244-5089、
E-mail: info@jcopy.or.jp）の許諾を得てください。

●万一、乱丁本、落丁本がありましたら、お取り替えいたします。お買い求めの書店か、
小社出版受注センターへお申し出ください。

手づくりに関する情報を発信中
日本ヴォーグ社 公式サイト

ショッピングを楽しむ
手づくりタウン

ハンドメイドのオンラインレッスン
 CRAFTING

初回送料無料のお得なクーポンが使えます！詳しくはWebへ

手づくり専門カルチャースクール
 ヴォーグ学園

日本ヴォーグ社の通信講座